La rebelión de los adolescentes

La rebelión de los adolescentes

Paula Stone Bender, Ph. D.

TRADUCCIÓN
Julio César Leal Durán para Grupo ROS

REVISIÓN
Grupo ROS

MADRID • BUENOS AIRES • CARACAS • GUATEMALA • LISBOA
MÉXICO • NUEVA YORK • PANAMÁ • SAN JUAN • SANTAFÉ DE BOGOTÁ
SANTIAGO • SAO PAULO • AUCKLAND • HAMBURGO • LONDRES • MILÁN
MONTREAL • NUEVA DELHI • PARÍS • SAN FRANCISCO • SIDNEY • SINGAPUR
ST. LOUIS • TOKIO • TORONTO

The McGraw-Hill Companies

LA REBELIÓN DE LOS ADOLESCENTES

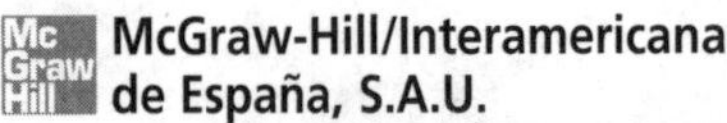

McGRAW-HILL/INTERAMERICANA DE ESPAÑA, S.A.U.
Edificio Valrealty, 1ª planta. C/ Basauri, 17
28023 Aravaca (Madrid)
www.mcgraw-hill.es
profesional@mcgraw-hill.com

Traducido de la primera edición en inglés de
HOW TO KEEP YOUR TEENAGER FROM DRIVING YOU CRAZY
ISBN: 0-8092-2390-2

ISBN:84-481-3737-X
Deposito legal: M. 37.755-2002

Editora: Mercedes Rico Grau

Diseño de cubierta e interiores: DIMA

Copyrigth ilustración interior: Agustín Garriga Botello

Compuesto en Grupo ROS

Impreso en Fareso, S.A.

IMPRESO EN ESPAÑA - PRINTED IN SPAIN

Índice

Parte 4ª. Cumplir el contrato

Parte 5ª. Analizar los resultados, obtener ayuda profesional y mirar hacia el futuro

Agradecimientos

Mi hijo Sean se merece el agradecimiento más importante por la ayuda prestada durante la elaboración de este libro. Gracias a su condición de adolescente, me sirvió de asesor, ayudante y revisor. Sus ideas y sugerencias me ayudaron a dotar este libro de una perspectiva y una voz adolescentes. Gracias especiales por haber contribuido de forma tan generosa con su tiempo y esfuerzo.

Son muchos más los que me han ayudado. Mi marido Bob y mi pequeño Mike me ofrecieron su apoyo. Mike también ofreció ejemplos para utilizar un contrato en nuestro laboratorio familiar. Mi hermana, Ann Stone, compartió conmigo sus experiencias con adolescentes y me ayudó a organizar mis pensamientos. Compañeros de trabajo y amigos como Paula Eastman y Susan Phillips me regalaron palabras de tranquilidad y me alentaron lo bastante como para que no desistiera en mi empeño. Mis padres también se merecen mi agradecimiento. Aunque de pequeña nunca utilizaron el término *contrato* conmigo, mis recuerdos me enseñan que con todos sus hijos usaron unos principios positivos con efectos similares a los de un contrato.

Mi agente, Joel Fishman, me ayudó a centrar mis ideas y, como siempre, defendió mis esfuerzos y mi enfoque. Mi editora, Judith McCarthy, me ofreció sus consejos y oportunas sugerencias en cada fase de elaboración del libro. Le agradezco enormemente sus esfuerzos.

Por último, gracias a todos los adolescentes y a sus familias que año tras año me han demostrado que un contrato que especifica reglas, recompensas y castigos puede servir de ayuda para que a todos les vaya mejor y puedan lograr un hogar tranquilo.

Introducción

¿Te subes por las paredes por culpa de tu hijo? ¿Se pasa horas y horas pegado al teléfono hablando con amigos e ignorando tu presencia? ¿Está tu hija obsesionada con cada pequeño detalle? ¿Se preocupa por lo que piensen sus compañeros de clase, pero le da igual lo que tú pienses? ¿Te suplica tu hijo que le dejes llegar más tarde? ¿Te dice tu hija hasta la saciedad que es responsable y que te llamará para decirte dónde está pero al final se le olvida? ¿Te asegura tu hijo que tiene controladas todas las asignaturas, pero cuando llega la hora de las notas no hay más que suspensos? ¿Te promete llegar a casa a tiempo para cuidar de su hermano y darle de comer al perro pero al final se le olvida? ¿Le cuesta mil horrores a tu hija levantarse por las mañanas? ¿Te aseguran tus hijos que están estudiando pero en realidad están delante del ordenador enviándose mensajes de correo electrónico o jugando? ¿Te pide tu hijo que le aplaces las tareas que le has asignado porque dice estar muy cansado, pero luego se va con un amigo a jugar al fútbol?

Lo creas o no, los adolescentes no son irresponsables de forma intencionada. De hecho, y aunque no lo parezca, necesitan de nuestro apoyo y estímulos para llegar a ser más responsables. Pero, ¿cómo vas a poder ayudarle si lo único que hace es llevarte al borde del ataque de nervios?

Aunque puede ser muy tentador morderte la lengua y aguantarlo sin más, me opongo firmemente a dejarse llevar por la pasividad a la hora de educar a los hijos. Esta actitud no la considero productiva ni realista. Por un lado, la adolescencia dura demasiado tiempo como para ver cómo pasa sin hacer nada.

Oficialmente, dura siete años, desde los 13 hasta los 19, o lo que es lo mismo, 364 semanas o 2.557 días (teniendo en cuenta dos años bisiestos). Son muchos años, semanas y días para estar al borde de la locura. Pregúntale a cualquier padre de adolescentes y verás como te dice que estos siete años parecen una eternidad. Pero no importa lo que dure, los padres tienen que encontrar la forma de no volverse locos y de convivir con sus hijos.

Lo mires por donde lo mires, esa es la única opción que te queda. *Tú* tuviste estos niños que ahora son adolescentes y, afrontémoslo, estás en apuros. Piensa que tú también podrías sacarle el jugo a estos años. Pero, ¿cómo? Aunque parezca mentira, hay varias cosas que puedes hacer para conservar la cordura un tiempo y para enseñarle a tus hijos a ser más responsables si te lo propones.

En mis 25 años de psicóloga clínica, he ayudado a cientos de familias a tratar comportamientos desesperantes, alcanzar la distensión y mantener la paz. Y como madre de dos hijos adolescentes que soy, he lidiado con el día a día que supone la educación de los hijos. Las experiencias que oigo en mi consulta y las mías propias, así como una investigación científica bien documentada, me han convencido de que la forma más eficaz de educar a los hijos es ponerse manos a la obra y negociar con los hijos un contrato de conducta positiva. Este tipo de contrato ofrece a los hijos incentivos por cumplir las normas y responsabilizarse de sus actos, pero también impone castigos cuando se violan dichas normas. Con el tiempo, el uso de este tipo de contrato puede ayudar a que los hijos se comporten de forma más responsable. Un contrato que cuente con el consentimiento mutuo de las partes puede traer la paz a casi todos los hogares. Con los años, me ha sorprendido gratamente descubrir las distintas clases de problemas que puede solucionar un contrato de conducta que esté bien negociado. Aunque hay adolescentes que necesitan más ayuda de la que puede proporcionar un contrato, la negociación de un contrato raramente *empeora* las cosas. Los contratos pueden solucionar algunos de los problemas por los que pasan los adolescentes y, cuando las circunstancias lo requieran, se pueden utilizar junto con otras formas de ayuda médica o psicológica.

Introducción

En este libro te ofrezco un método para formular un contrato de conducta que funcione y que puedas utilizar todos los días con tus hijos. Este método se basa en amplias investigaciones realizadas durante años sobre los estilos parentales efectivos, así como en las técnicas que se pueden utilizar para motivar en los hijos cambios y aprendizajes. (Consulta el apéndice D para obtener información sobre recursos). En pocas palabras, un contrato satisfactorio es aquél que detalla lo que los hijos deben hacer para obtener incentivos positivos o privilegios tales como dinero, tiempo libre o salidas con los amigos. El uso de este tipo de contrato anima a los adolescentes a seguir las reglas propias del colegio, de la familia o las que afectan a la propia seguridad de uno mismo. Por ejemplo, puede motivar que tu hijo se levante a su hora todas las mañanas, que se comporte de forma civilizada con el resto de la familia, que vaya al colegio y haga todas las tareas, que llegue a su hora y que llame por teléfono cuando crea que se va a retrasar. Tu contrato también especificará las consecuencias negativas por no seguir estas normas, ya sea la pérdida de privilegios o la imposición de castigos.

Para darle forma a todas mis ideas me he servido de mis propios estudios, de casos reales (lógicamente, he cambiado los nombres) y de mis experiencias como madre de adolescentes. También incluiré comentarios e ideas de compañeros y amigos. Haré hincapié en la forma de mantener y utilizar el sentido del humor cuando llega la hora de educar a los hijos o, quizás y para ser más precisa, cuando llega la hora de que tus hijos te eduquen a *ti*. Jamás me he planteado para mis hijos una educación carente de este sentido del humor.

Y, lo que es más importante, incluiré una estrategia detallada para que la utilices con tus hijos cuando te encuentres en el proceso de creación de un contrato de conducta. Te ofreceré unas instrucciones básicas que te ayudarán a llevarte mejor con tu hijo.

Soy muy consciente del desafío, la confusión y la dedicación que supone la educación de un adolescente. Así que permíteme una palmadita en la espalda y contarte lo maravilloso que es cuidar de los adolescentes, querer ayudarles a independizarse y estar dispuesto a dedicar tiempo y esfuerzo en aprender e

iniciar un contrato con ellos. Si aún no lo han hecho, algún día se darán cuenta de la suerte que tienen de tener unos padres que se preocupan por ellos.

Este libro tiene como intención servir de guía para aquellos padres con hijos con edades comprendidas entre los 12 y los 17 años. El uso de un contrato puede ayudar a tus hijos a superar muchos de los desafíos y barreras que se le presentan en el hogar, en el colegio y en la propia sociedad. También puede ayudarle en su adaptación al instituto, a conducir de forma segura, a soportar cualquier tipo de presión, a controlar las tentaciones, a afrontar las dificultades académicas o a volver a sintonizar con la familia. En este libro encontrarás ideas para conseguir que, mediante un contrato, tu hijo asuma las responsabilidades derivadas de sus propios comportamientos.

Un contrato funcionará por igual en grandes y en pequeñas familias, ya sean monoparentales o biparentales. Si, en tu caso, es monoparental, sería de gran ayuda buscar a un compañero que esté dispuesto a compartir todas tus aventuras. En el caso de las biparentales, la situación ideal es un frente unido; sin embargo, si uno de los dos pone trabas al contrato, el otro podrá mantenerlo a salvo siempre y cuando el primero no intente sabotearlo. Con el tiempo, el que en un principio no participaba de la idea del contrato llegará a adherirse a él, normalmente porque se hace obvio que está dando sus frutos.

Aunque en el libro aparezca referencia siempre al sexo masculino, ya sea mediante expresiones como «tu hijo», «tus hijos», etc., todas las sugerencias del libro son aplicables a adolescentes de ambos sexos.

Este libro se divide en cinco partes. La parte 1ª, que abarca los capítulos 1 y 2, explica cómo hacer los preparativos del contrato a través de un método basado en ampliar el campo de visión y centrarse en lo positivo. En la Parte 2ª, comprendida por los capítulos 3, 4 y 5, aprenderás a seleccionar los componentes del contrato (reglas, recompensas y disciplina). La Parte 3ª te servirá de guía para realizar el borrador de un contrato viable que se ajuste perfectamente a tu familia. El capítulo 6 te ayudará a decidirte por el mejor formato contractual para tu hijo. Hacer que el contrato forme parte de la vida familiar será el objetivo del capítulo 7. El capítulo 8 te dará consejos que debes seguir cuando

negocies el contrato con tu hijo. La Parte 4ª se centra en la puesta en práctica de tu contrato. En el capítulo 9, aprenderás a utilizar el contrato de forma que el buen comportamiento aumente; a su vez, el capítulo 10 te enseñará a saber llevar los problemas y los incumplimientos del contrato. El capítulo 11 explora cómo enseñarle a tu hijo responsabilidad personal. Finalmente, en la Parte 5ª, formada por los capítulos 12, 13 y 14, obtendrás ayuda para saber evaluar los cambios, decidir si tu hijo necesita ayuda de un profesional y mirar hacia el futuro.

Aunque cada contrato familiar es único, hay ciertas reglas generales que, de seguirlas, serán beneficiosas para toda tu familia. Estas reglas para el desarrollo del contrato se presentarán a medida que trabajes con el libro. De hecho, te enseñaré todos los pasos que debes dar para poner en práctica un contrato de conducta negociado. Te animo a que vayas a tu propio ritmo y a que le dediques todo el tiempo que necesites. Para aumentar las posibilidades de éxito, te recomiendo que leas el libro de forma secuencial, capítulo por capítulo. Nadie espera que cambies de un día para otro o que te conviertas en un padre perfecto, pero debes proponerte de veras emplear todas las técnicas. Si hablas del tema del contrato con tu hijo, pero nunca haces ningún borrador ni das un paso más, estás perdiendo el tiempo. En resumidas cuentas, debes tomar medidas concretas si deseas ver algún cambio. Las páginas interiores detallan y analizan todo lo que necesitas saber y hacer para crear un contrato viable y que funcione. Te ruego que tengas paciencia, que saques pecho y que sigas uno por uno los pasos que te indico.

Dedícale a cada parte tanto tiempo como consideres necesario. Lo normal es que las familias tarden entre tres y cuatro semanas en llegar hasta la Parte 3ª y tener preparado un contrato. Tras este tiempo, estarán preparados para iniciar la Parte 4ª y utilizar el contrato con los hijos. La mayoría de las familias encuentran de gran utilidad los capítulos de esta Parte 4ª durante el primer mes de vida del contrato. Pasados tres o cuatro meses, muchos padres se ven preparados para pasar a la Parte 5ª, evaluar el contrato y decidir cuál será la siguiente decisión.

Aunque hablar de contrato puede sonar a algo que implique mucho trabajo, casi todos mis clientes están dispuestos a esforzarse, ya que el resultado merece la pena. Tu contrato te proporcionará el entorno necesario para que tu hijo desarrolle la independencia y las responsabilidades que necesitará más adelante. Te sorprenderá gratamente ver lo mucho que un contrato puede llegar a mejorar la relación con tu hijo. Por ejemplo, tu hijo disfrutará de no tener problemas en el colegio, de terminar todos sus proyectos y de realizar las tareas a tiempo. Estará contento consigo mismo por saber que puede actuar de forma responsable y llegar a casa a su hora. Disfrutará de la capacidad de ahorrar dinero para lograr un objetivo concreto, en vez de despilfarrarlo nada más conseguirlo. ¿A qué estás esperando? Es el momento perfecto de empezar y volver a descubrir la gran persona que se esconde en el interior de tu hijo.

Parte 1ª

Preparar el terreno

1

Ampliar las perspectivas

¿Tus hijos te están llevando al borde del ataque de nervios? ¿Te sientes perplejo y confuso, y crees que no eres un buen padre o una buena madre? ¿Te encuentras desorientado porque no sabes cómo ayudar a tus hijos durante esa edad tan dulce? ¿Piensas que no vas a sobrevivir a la adolescencia? Si estás desconcertado, ponte cómodo. Aquí encontrarás la ayuda que necesitas.

Mis experiencias como psicóloga y madre me han convencido de que para lograr ser eficaces, los padres deben tomar medidas y negociar un contrato de conducta positiva con sus hijos. En este libro te enseñaré a desarrollar este contrato y a ponerlo en práctica.

¿Qué es un contrato de conducta?

Un contrato de conducta es un acuerdo por escrito entre tú y tu hijo que establece las reglas que él deberá cumplir y las clases de incentivos y recompensas que puede conseguir por hacerlo. Además de este aspecto positivo, el contrato también especifica las consecuencias negativas (los castigos) que tendrá el no seguir dichas normas. Por ejemplo, tu hija puede ganar dinero extra o tiempo libre si termina todas sus tareas del colegio. También puede verse recompensada con más tiempo para hablar por teléfono si cuida de su hermano pequeño.

Por el contrario, si tu hijo no cumple una regla importante y llega a casa media hora tarde, le puedes castigar a que un par de noches regrese una hora antes. Si tu hija se pone a hablar por teléfono en lugar de hacer todos los deberes, puede perder ese derecho durante unos días.

Los contratos pueden servir de salvavidas en situaciones donde sea necesario promover un comportamiento que no se está produciendo, erradicar las malas costumbres, incentivar las buenas para que vayan a más o enseñar una nueva. Los contratos pueden crear un ambiente en el que tus reglas sean explícitas. Cuando las expectativas están claras, se reducen los conflictos propios del día a día, lo que deja una puerta abierta a la posibilidad de entendimiento y soluciones entre padres e hijos.

Como última ventaja, el contrato, cuyo funcionamiento aprenderás más adelante, te ofrecerá un entorno que posibilitará que tu hijo sea gradualmente más responsable e independiente a medida que se acerque a la edad adulta.

A pesar de que un contrato basado en conductas positivas puede resultar muy eficaz en multitud de situaciones, si tu hijo muestra comportamientos antisociales serios o crónicos, es promiscuo sexualmente y/o tiene problema con las drogas, un contrato no será suficiente. De hecho, te recomendaría que buscaras ayuda profesional antes de que sea demasiado tarde. Tal vez te interese avanzar al capítulo 13, donde encontrarás información sobre cuándo y cómo obtener ayuda externa.

Si usas las reglas expuestas más adelante, desarrollarás un contrato que se ajuste perfectamente a las necesidades de tu familia. Aunque tú te encargarás del proceso contractual y, además, tendrás la última palabra, antes de aplicar el contrato necesitarás escuchar las opiniones de tu hijo para negociar los términos. En dos o tres semanas, deberías empezar a ver resultados positivos y, con el tiempo, el contrato le enseñará a tu hijo a comportarse de forma responsable.

El primer paso será hacer los preparativos previos al desarrollo del contrato. Este capítulo te ayudará a adoptar una perspectiva realista sobre el momento por el que está pasando tu hijo y sobre qué estilo parental es el más adecuado para vuestra familia.

Adoptar una perspectiva realista

Los chavales crecen tan rápido... Antes de que te des cuenta y, lo que es más, antes de que te encuentres preparado, tu dulce, encantador, simpático y disciplinado hijo cumple los 13 años. Respira hondo..., la adolescencia acaba de empezar.

Prepárate. Aguarda lo inesperado. Posiblemente, percibirás en tu hijo un comportamiento contradictorio, impredecible e irracional. El misterioso comportamiento de tu hijo no es nada *anormal.*

Si tienes en cuenta todos los cambios y la confusión por los que está pasando tu hijo, es lógico que ciertos comportamientos puedan llegar a volverte loco. Tu hijo pasa de ser un simple niño a convertirse en un joven adulto capaz de engendrar niños.

Este monumental cambio se produce sin que el propio hijo ni los padres puedan controlarlo. Las hormonas siguen su trayectoria programada y sólo te queda agarrarte fuerte, mirar y esperar.

Socialmente, todo lo que ocurre es un misterio para ti, teniendo en cuenta que las reglas de lo que está «guay» en el mundo adolescente no cambian cada día, sino cada hora. ¿Qué otro grupo iba a estar dispuesto a admitir y a aferrarse a pensamientos tan paradójicos como: «Es una estúpida, pero toda la gente la adora» o «Creo que soy demasiado bueno como para tener novia; es que parece que las chicas sólo quieren salir con chicos que las traten como a un perro»?

Los éxitos escolares, lejos de ser un ejemplo, son con frecuencia objetivo de críticas, lo que hace que muchos chicos y chicas deban mantenerlos en secreto, sin olvidar que, con la intención de ser aceptados, hay ciertos adolescentes que se convierten en malos estudiantes a propósito. Las asignaturas son cada vez más difíciles y cualquier otra actividad es más fácil de dominar y de disfrutar. Escuchar música, ver la televisión o hablar por teléfono requieren mucho menos esfuerzo mental que estudiar para un examen de matemáticas o de historia.

Contra todo esto se deben enfrentar los adolescentes pero es que, además, la tentación es mayor y más fácil que nunca. Según un reportaje del 9 de mayo de 1999 de la prestigiosa revista norteamericana *Newsweek*, en el 63 por ciento de los hogares norteamericanos trabajan los dos padres, dejando a sus hijos solos después del colegio y durante gran parte de la tarde.

Los adolescentes pueden adquirir drogas y alcohol desde edades muy tempranas. Además de los videojuegos violentos, el ordenador supone un acceso instantáneo a información antisocial de cualquier tipo. No debe extrañarnos entonces que a los jóvenes que deben pasar gran parte del día solos, les resulte muy difícil mantenerse al margen de todas estas influencias negativas de fácil acceso.

Es más, se espera que los adolescentes desarrollen compasión y empatía, que adopten un sistema de valores que defienda a ultranza los derechos de uno mismo y de los demás y que, además, digieran la frustración y la decepción con autocontrol y madurez.

Por si fuera poco, y a pesar de toda esta confusión, el *trabajo* de un adolescente es irse haciendo poco a poco más competente y responsable, una proeza que sólo se puede materializar dominando una serie de pasos durante un largo periodo de tiempo.

Y por si no fueran bastantes estos cambios, a medida que los adolescentes se desarrollan mentalmente, empiezan a cuestionar las decisiones de sus padres. Comienzan a desafiar y a devolver los ataques, en ocasiones de forma justificada y en otras no tanto, pero casi siempre cuando tienen la sensación de que sus padres están siendo arbitrarios o que no tienen razón. Aunque esta habilidad recién descubierta dificulta cualquier negociación con ellos, es importante no tomarlo como algo personal. En lugar de eso, alégrate. Tus hijos están poniendo en práctica las habilidades intelectuales que acaban de adquirir. Está aumentando su sentido común. Están camino de convertirse en adultos independientes y funcionales. Son muchas las formas en las que se está repitiendo la historia. Acuérdate de cuando tú tenías su edad y de la comunicación que había entre tú y tus padres.

Recordar tu adolescencia

¿Eras un hijo perfecto? Pues claro que no. *Nadie* lo ha sido. Al hablar de mi adolescencia, debo admitir que me dedicaba a las típicas payasadas de adolescente inaguantable. Aunque necesitara la ayuda y atención de mis padres, nunca les decía nada.

¿Qué recuerdos tienes de tu adolescencia? ¿Son buenos esos recuerdos? Tal vez se deba a que fue estupenda y divertida o puede ser consecuencia de que el tiempo ayuda a borrar los recuerdos dolorosos y deja intactos los más placenteros.

Pero, ¿por qué detenernos en las experiencias negativas del pasado? ¿Quién necesita que le atormenten con todo lo negativo? Sin embargo, no debes olvidar que, si tienes una memoria selectiva, los problemas del pasado pueden haberse desvanecido en tu mente, circunstancia que quizás te perjudique; si los padres no se acuerdan de los altibajos y la confusión de aquellos años, ¿cómo van a ser luego capaces de afrontar los problemas de sus hijos?

Aunque puede resultar doloroso, intenta pensar en los malos momentos de tu adolescencia, así como también en los buenos. Este ejercicio puede ayudarte a desarrollar una perspectiva más comprensiva de los años por los que está pasando tu hijo.

A continuación encontrarás algunos consejos para volver a conectar con el adolescente que llevas dentro. Dedica cierto tiempo a recordar tu adolescencia. Habla con tu pareja, con hermanos o con amigos de los sentimientos típicos de esa edad. Saca esas libretas de clase o las fotos de aquella época. Llama a algún amigo que tuvieras por entonces. Recuerda tus preocupaciones y tus buenos y malos momentos. Si es posible, habla con tus padres de cuando tú eras un adolescente, de las frustraciones y desafíos, así como de los buenos momentos. Haz todo lo que esté en tu mano para rememorar aquellos años.

Tus recuerdos servirán de ayuda, pero piensa que no importa el grado de empatía que tengas con respecto a la situación actual de la vida de tu hijo o lo mucho que recuerdes tu propio pasado: ser padre de un adolescente sigue siendo una ardua tarea. Después de todo, los tiempos no son los mismos.

Dificultades habituales en los padres

Las desconcertantes complejidades de la adolescencia hacen que muchos padres caigan en trampas. Algunos padres se desesperan y recurren a actitudes dictatoriales y extremadamente restrictivas, mientras que otros optan por una permisividad total, dejando que sus hijos hagan todo lo que les plazca. También hay otros que terminan alternando entre un extremo y otro. Desgraciadamente, los dos estilos están condenados al fracaso. Veamos tres familias diferentes.

Los Stanton

Cuando Sue Stanton describió su relación con su hijo Tom de 13 años, se hizo patente que estaba empleando una actitud excesivamente dictatorial y vigilante con la esperanza de alejarle de todos los peligros. Como consecuencia de los artículos alarmistas que había leído sobre adolescentes, Sue solía buscar indicios de drogas o alcohol en el dormitorio de Tom. Buscaba continuamente en su mochila pruebas de que había faltado a clase. Lo que Tom pensaba de esta actitud era lo siguiente: «Se pasa todo el día haciéndome preguntas». Como era de esperar, Tom se sentía ofendido por esta intrusión en su espacio y privacidad. Le molestaba que su madre no confiara en él; que él supiera, jamás le había dado ninguna razón para sospechar. Me comentaba Tom que había veces que tenía la impresión de que en vez de una madre tenía una carcelera.

Los O'Connell

Elaine y Jim O'Connell optaron por el método opuesto. A medida que sus hijas Becky y Sarah, de 14 y 16 años respectivamente, tenían cada vez más independencia y voluntad, los padres adoptaron una política de total pasividad. Jim creía que a las niñas les ofendía que se metieran en sus asuntos, por lo que decidió tirar la toalla. Elaine comentaba: «Supongo que hemos hecho

todo lo que estaba a nuestro alcance. Parece que las niñas ya no nos necesitan. Creo que están preparadas para ser independientes». Becky y Sarah tenían la impresión de que sus padres estaban distantes y poco cariñosos. Se sentían rechazadas. Cuando hablé con las dos hermanas, me quedó claro que daba igual lo que pareciera, ya que no estaban preparadas para independizarse y, además, anhelaban mucho el apoyo y los consejos de sus padres.

Los Espinoza

Del mismo modo, vacilar entre la pasividad y un férreo control es una mala combinación que elimina toda la autoridad legítima de los padres. Esto es lo que les ocurrió a María y Keith Espinoza. Para ellos, su hijo Wayne de 15 años hacía casi todo lo que le daba la gana. Y aunque cumplía las pocas reglas que habían establecido (horas de llegada los fines de semana o llamar para avisar de que iba a regresar tarde), pensaron que esta actitud había que mejorarla. Un viernes por la noche, Wayne y Keith comenzaron a discutir sobre si Wayne estaba estudiando lo bastante como para poder entrar en la universidad. Wayne le recordó que tenía una media de notable, a lo que Keith contestó: «Vale, pero no te puedes dar por satisfecho. Las clases son cada vez más difíciles y tendrás que hacer los exámenes de acceso a la universidad». En este punto de la conversación, Wayne tenía prisa porque había quedado con los amigos. Sin embargo, Keith quería seguir con el diálogo. Cuando Wayne le explicó que se tenía que ir, Keith le reprochó que sus amigos ahora eran más importantes que la familia o el instituto y que estaba castigado hasta que no solucionara esto, mostrara una mejor actitud y respetara a sus padres. Wayne estaba furioso. Según él, nunca había llegado tarde, por lo que sus padres no tenían razón para no dejarle salir con los amigos. Para Wayne, las acciones de sus padres no tenían lógica y eran confusas y desconcertantes. Muchos hijos en esta situación aprenden a aguantar las vacilaciones de los padres, pero las ven arbitrarias e irracionales.

Con el tiempo, muchos hijos en estas circunstancias se van alejando de los padres a medida que crecen su resentimiento y su necesidad de rebelarse.

Aunque Sue Stanton, los O'Connell y los Espinoza se preocupaban por sus hijos, con estas actitudes sólo conseguían enviarles mensajes confusos. Como consecuencia, los hijos tenían la sensación de carecer del amor, aprecio y confianza de sus padres. Al igual que muchos otros jóvenes, echaban en falta la comprensión y el apoyo que tanto necesitaban y deseaban de sus padres. De hecho, según un reportaje de mayo de 1999 de la revista *Newsweek*, la primera preocupación de los adolescentes norteamericanos es que no cuentan con el apoyo y los consejos de sus padres.

Padres razonables

A pesar de su actitud hacia ti y de lo mucho que te ponga de los nervios, tu hijo te necesita a su lado, pero no sólo en el típico papel de supervisor y responsable de las decisiones, sino en un nuevo papel de asesor y guía. Además, tu hijo desea un hogar que sea predecible y cooperativo, un refugio seguro con reglas explícitas y razonables. Todos los estudios demuestran que una actitud razonable y democrática es la que mejor resultados da para educar a los hijos. Según expertos en el tema de la adolescencia como Lawrence Steiberg y David Elkind, los principios básicos de unos padres razonables son querer a tu hijo y confiar en él, establecer límites razonables y claros, combinar control con independencia, ser firme y justo y aceptar a tu hijo como individuo. Aunque muchos padres procuran seguir estas reglas, hay ocasiones en las que los intentos resultan inútiles y pierden cualquier efecto positivo. Este fue el caso de Claire y Jack Daley. Como otros muchos padres, habían utilizado diversas actitudes con sus hijos Scott y Terry, de 14 y 17 años. Cada una dio un resultado distinto. Últimamente, habían intentado aplicar las bases de una educación razonable. Totalmente agotados y desquiciados tras una horrible tarde de domingo, me llamaron seguros de ser los peores padres del mundo, de tener los peores hijos del mundo, o tal vez ambas cosas.

Les pedí que me contaran cada detalle del último fracaso. Preocupados por tal vez no ser comprensivos y no dar el apoyo necesario a sus hijos, Claire y Jack decidieron que, en lugar de machacar con los deberes todo el fin de semana, darían a sus hijos más tiempo libre. Les dejarían salir con la condición de que llegaran a su hora y prometieran tener todas las tareas hechas para el domingo por la tarde. Terry y Scott estaban entusiasmados con este plan y prometieron que terminarían sin problemas todos los deberes del colegio. Terry confesó que le encantó que confiaran en él. Claire y Jack estaban eufóricos. Tal vez éste sería el fin de las discusiones, las quejas y los ruegos. Quizás Terry y Scott estaban ya preparados para responsabilizarse de ellos mismos.

Seguramente los dos adolescentes fueron sinceros en sus intenciones, pero en cuanto empezó el fin de semana y llegaron las oportunidades de hacer todo lo que deseaban, a los dos se les olvidó el tema de las tareas. Antes de que se pudieran dar cuenta, había llegado la tarde del domingo. Terry le había prometido a su amiga Jenny ir a su casa esa misma tarde para hablar de «cosas serias de novios» y se imaginó que podría hacer los deberes después de esta visita. Scott no había tenido en cuenta las tareas cuando hizo planes para jugar por Internet una partida de ordenador con su amigo Roger. Como sus padres habían sido tan comprensivos el viernes y tan amables durante todo el fin de semana, Terry y Scott estaban seguros de que comprenderían por qué no habían encontrado tiempo para hacer las tareas. Después de todo, los dos eran buenos estudiantes. No era como si ambos suspendieran todo.

La cena del domingo por la noche empezó de forma placentera, contando cada uno de ellos lo bien que se lo habían pasado el fin de semana. Terry comentó que había sido uno de los mejores fines de semana, comentario con el que Scott estuvo de acuerdo. Claire y Jack les hicieron ver lo aliviados que estaban por no tener que preocuparse de que hicieran las tareas y lo agradable que era un fin de semana entero sin discusiones ni riñas. Terry compartía sus ideas y dijo que, como había prometido, empezaría a hacer las tareas cuando regresase de casa de su amiga Jenny.

Confuso, Jack preguntó: «Espera Terry, ¿acabo de oír que ni siquiera has empezado a hacer las tareas?». «No te preocupes, papá, tendré tiempo de sobra cuando vuelva de casa de Jenny», le aseguró Terry a su padre. Intentando controlar su enfado, Jack respondió lo más calmado que pudo: «Has roto nuestro acuerdo. No irás a ningún sitio, señorita, ni esta noche ni en muchas». A lo que Terry replicó: «No he roto nada. Tengo tiempo de sobra para acabar las tareas. Sabía que no confiabas en mí. Nunca lo has hecho. Todo era mentira, como siempre». Dándose cuenta de que la comunicación se estaba deteriorando, Jack contestó en el tono más entrecortado posible: «No voy a discutir contigo. Vete a tu habitación antes de que diga algo de lo que me arrepienta». Entre lamentos y casi llorando, Terry le dijo: «Te da igual que me hagas romper una promesa a Jenny. Ella cuenta conmigo». En este momento, Scott se empezó a reír y a burlarse de su hermana: «Pobre Jenny, seguro que tiene otro problema con el novio que sólo lo puede resolver mi hermana la sabelotodo, la gran Terry». Al sentirse en medio de una emboscada, Terry atacó: «¿Qué sabrás tú, subnormal, si nunca has salido con nadie?». Cuando advirtió que las cosas se estaban descontrolando rápidamente, Claire intervino: «Ya está bien. Cada uno a su cuarto a hacer sus tareas ahora mismo». Aferrándose a cualquier indicio de esperanza y con la voz más triste que pudo sacar, Scott dijo: «Pero es que le dije a Roger que jugaría con él en Internet». «Ya me habéis oído: andando a las habitaciones», añadió Jack, «Si os encuentro hablando por teléfono o jugando al ordenador, lo quitaré de vuestra habitación y os quedaréis sin él durante mucho, mucho tiempo». Comprensiblemente, *todos* los miembros de la familia Daley se sentían derrotados y hundidos.

Cuando los mayores de la familia terminaron de contarme el fin de semana, tenían infinidad de preguntas. ¿Dónde habían fallado? ¿Eran los hijos demasiado inmaduros para utilizar una actitud democrática con ellos? ¿Eran sus hijos incapaces de cumplir las promesas? ¿Crecerían llenos de irresponsabilidad? ¿Cabía alguna esperanza para la mejora o deberían resignarse a conflictos y rencores constantes? Les aseguré que había esperanza y que los temores de que sus hijos se hicieran adultos irresponsables no tenían ningún fundamento.

Como la mayoría de los padres, los Daley solamente tenían buenas intenciones y deseaban ser unos buenos padres, pero carecían de un plan de acción específico que les ayudara a traducir una educación razonable en una rutina

diaria. Con el fin de hacer esto último posible, les sugerí que trabajásemos juntos para enseñarles detalladamente cómo desarrollar y negociar un contrato con sus hijos. Como primer paso, les recomendé que centraran su atención en los buenos comportamientos de sus dos hijos.

Es una buena idea que todos los padres con hijos adolescentes realicen un esfuerzo extra para centrarse en lo positivo. El capítulo siguiente contiene algunos consejos prácticos para detectar las buenas conductas de tu hijo.

2

Centrarse en lo positivo

Si piensas en cómo desempeñas el papel de padre o de madre, es posible que te sorprenda descubrir que tienes la costumbre de fijarte sólo en lo que tu hijo hace mal y de criticarle por eso. Considerando las frustraciones que conlleva la educación de un adolescente, este hábito no resulta extraño. Pero obviamente, este modelo de atención a lo negativo no hace más que empeorar las cosas, ya que los hijos empiezan a tener la sensación de que lo hacen todo mal. Llega un momento en el que están hartos de que sus padres sólo se dirijan a ellos para quejarse y empiezan a ignorarlos. La frustración y el enfado de los padres van en aumento a medida que todos sus esfuerzos por lograr cierto «desarrollo» en sus hijos no tienen fruto. El comportamiento y la comunicación siguen deteriorándose y, mientras tanto, los adolescentes buscan la atención positiva y el apoyo de otras fuentes que, en ciertos casos, no son las más recomendables. ¿Cómo puedes hacer que esta situación dé un giro de 180 grados?

Buscar buenos comportamientos

El primer paso es evaluar los buenos comportamientos de tu hijo. Por esto entiendo *cualquier cosa* de carácter positivo que tu hijo haga y que sea de tu agrado. No importa lo insignificante o trivial que parezca. Puedes encontrar conductas positivas cuando tu hijo sigue las reglas que tú has establecido, ya sea en el ámbito familiar, educativo o las que estén relacionadas con su propia seguridad.

Entre los buenos comportamientos se incluye todo acto responsable en cualquier aspecto. Por ejemplo, actitudes diarias como levantarse puntual por la mañana, hacer las tareas, ser cortés con los demás miembros de la familia, ir al instituto, colaborar en casa, llegar a la hora establecida, avisar cuando va a retrasarse y colaborar cuando se le pide son buenas conductas que requieren cierto grado de responsabilidad.

A pesar de que pueden parecer ejemplos sencillos y normales, se trata de hechos y actitudes que *das por sentado* en tu hijo. Estos comportamientos rutinarios son el mejor punto de *partida* para conseguir que tu hijo adquiera otras aptitudes y responsabilidades.

Muchos de mis clientes son escépticos cuando les sugiero que «se centren en lo positivo», ya que este hecho se enfrenta a su ya asentada creencia de que la mejor forma de disminuir la irresponsabilidad y otros comportamientos incorrectos es mediante castigos eficaces.

Mis más de 25 años de experiencia clínica me han convencido de que sucede justo lo contrario.

Si los padres no se centran en la conducta positiva de su hijo, estarán perdiendo el tiempo y hasta pueden provocar que el grado de antipatía que sus hijos sienten hacia ellos aumente. Desgraciadamente, en familias donde padres e hijos se encuentran atrapados en una espiral negativa caracterizada por discusiones y confrontaciones frecuentes, el buen comportamiento puede escasear.

No obstante, es primordial que pases al menos un par de días buscando tenazmente buenos comportamientos en tu hijo, a pesar de lo inútil que puede parecer esta tarea.

Adelante, ponte a prueba. Recuerda que vale *cualquier tipo* de buena conducta.

Cuando busques estos buenos comportamientos (por ejemplo, aceptar responsabilidades y llevarlas a cabo), ten en cuenta las siguientes reglas:

- **Buen comportamiento normalmente no significa comportamiento perfecto.** Cuando tu hijo se esfuerza y lo intenta, *eso* significa buen comportamiento. No necesita sacar sobresaliente en todas las asignaturas, jugar en el equipo de fútbol ni actuar siempre de forma encantadora para que se le reconozca su buena conducta. Si se levanta puntual por la mañana, va al instituto y ayuda en casa de vez en cuando, eso es buen comportamiento.
- **El buen comportamiento no tiene que ser necesariamente espectacular.** Claro que nos gustaría que nuestros hijos destacaran en todo, pero ese deseo no es realista. Busca pequeños detalles en tu hijo. ¿Se porta bien con sus hermanos? ¿Hace todas las tareas del colegio? ¿Te dice a dónde va cuando sale? Estos son ejemplos de buen comportamiento.
- **Es probable que el buen comportamiento no aparezca frecuentemente.** Ya se sabe que los adolescentes son expertos en sorprender a los padres tanto en lo bueno como en lo malo. Si de pronto tu hija, que es experta en pasar el día sin hacer nada, empieza a levantarse por la mañana y a organizar sus lunes y jueves porque ha encontrado una actividad extraescolar que le gusta, eso es una buena actitud; no importa que el resto de la semana sea más lenta que una tortuga. Si tu hijo llega normalmente tarde a casa, pero de vez en cuando regresa a la hora establecida, eso también es buen comportamiento.

Nuestra sugerencia

Busca buenos comportamientos. Siguiendo las reglas que acabas de leer, haz un esfuerzo extra para buscar las actitudes de tu hijo que te gustan. Cuando desarrolles las reglas del contrato, te basarás en estos buenos comportamientos. Si ves que tu hijo tiene pocos de detalles que te gusten, no te preocupes, nuestro contrato puede mejorar esta situación.

- **El buen comportamiento se puede olvidar fácilmente.** A menudo, el hecho de aceptar responsabilidades y hacer lo que se espera no es una actitud llamativa. Si tu hija estudia en su habitación, hace sus tareas diarias y no forma escándalos muy a menudo, eso es buen comportamiento; de hecho, es un *gran* comportamiento.

Tras observar a tu hijo durante unos días, deberías tener una idea más o menos clara de en qué nivel de comportamiento se encuentra. Muchos padres se sorprenden gratamente al ver las cosas buenas que su hijo hace y de las que no se había dado cuenta hasta que empezaron a centrarse en lo positivo. Este fue el caso de Claire y Jack Daley.

Después de observar a sus hijos durante unos días, los Daley me comentaron que tanto Terry como Scott iban al colegio sin problemas y eran buenos estudiantes, aunque sus padres tenían la sensación de que podían hacerlo aún mejor. Los dos también solían llegar a casa a la hora acordada. Terry tenía más en cuenta que Scott el hecho de avisar cuando pensaba regresar tarde. Terry cumplía mejor a la hora de levantarse por la mañana y mantener ordenada la habitación. Pero Scott era más activo y cooperativo, especialmente en las comidas y cuando se le pedía que ayudara en casa. En conjunto, Claire y Jack eran optimistas y estaban preparados para avanzar un paso más en la confección de un contrato de conducta.

Seguramente, tú también te sentirás tan gratamente sorprendido como mis clientes. Normalmente, si los padres se conciencian lo suficiente, verán en su hijo al menos un detalle bueno. Sin embargo, si después de comprobar todos sus comportamientos, descubres que las cosas están peor de lo que pensabas, no pierdas la esperanza. En la mayoría de los casos, no importa lo mal que estén las cosas, nuestro contrato ayudará a mejorar la situación. Pero ten en cuenta que, en general, cuanto peor sea la situación, mayor tiempo se necesitará para que el contrato sea efectivo.

Aunque hayas detectado algunos buenos comportamientos, si la comunicación con tu hijo está llena de esos típicos comentarios que te sacan de quicio, puede resultar muy difícil centrarse en sus aspectos positivos. Si este es el caso

de tu familia, los siguientes ejercicios te deberían ayudar a centrarte en lo positivo y olvidarte de lo negativo.

Identificar los comentarios que te hacen perder los nervios

Muchos padres descubren que identificar esas expresiones de sus hijos mejora en gran medida su capacidad de concentrarse en lo positivo. Por ejemplo, pueden molestarte contestaciones como: «Hazlo tú», «¡Qué dices!», «Sí, claro...», «¡Es que no lo entiendes!», «¡Eres injusto!» o «¡Te odio!».

Los padres solemos iniciar la mayoría de las conversaciones intentando actuar como los adultos racionales y maduros que somos. Sin embargo, cuando la batalla empieza, nuestros hijos pueden ser expertos en lanzarnos un dardo dialéctico que nos para en seco, multiplica exageradamente nuestras emociones, acelera nuestra cólera y nos reduce a la edad mental de cinco o seis años. A menos que estemos preparados para esta embestida, nos salimos de la carretera y descarrilamos antes de llegar a donde teníamos intención de ir. Muchos padres con los que he trabajado han descubierto que una buena forma de afrontar esta situación es, primero, identificar las palabras y frases que sus hijos usan y que ellos no soportan y, después, comentarlas con la pareja o amigos. Este método ayuda a objetivizar, despersonalizar y reducir el impacto de estas palabras; en cierto sentido, les extrae el veneno.

Para poner todos estos pasos en práctica, haz una lista de expresiones o comentarios de tu hijo que te incomodan. Tal vez descubras que a tu pareja y a ti os molestan cosas distintas. No te preocupes si no estás seguro de la razón por la que un gesto o una frase en concreto te saca de tus casillas. Que no te cueste admitir lo que te vuelve irracional, ya que lo importante es encontrar el *qué* y no el *por qué*. Una vez identificadas dichas expresiones, coméntalas con tu pareja o amigos. Si lo crees conveniente, puedes mirarte en el espejo y repetirlas con un tono tranquilo y sosegado. Según vayas haciéndolo, lo absurdo de las frases debería hacerse patente y, en consecuencia, disminuir su poder sobre ti. Eso es exactamente lo que les pasó a mis clientes Sharon y Wayne Williams una vez que identificaron y compartieron el lenguaje molesto de su hija Shana.

Los trece años y la «boquita» de Shana Williams estaban volviendo locos a sus padres. Siempre que Shana no estaba de acuerdo con una opinión o regla de su madre, no dejaba de repetirle lo muy anticuada que estaba. Shana usaba distintas frases, pero siempre se refería al tema de la edad: «¿Cómo alguien con tu edad podría alguna vez llegar a entender lo que te estoy diciendo?» o «Mis amigos van todos solos a tomar el autobús cuando van al centro, pero claro, olvidé que en tu época sólo había caballos y carruajes. ¿Te tengo que explicar lo que es un autobús?».

Además de ser de una pedantería extrema, estos comentarios molestaban a Sharon porque le recordaban que una vez en el supermercado alguien se le acercó para felicitarle por lo linda que era su nieta. Pero claro, no estaba con su nieta, sino con su hija Shana. Por otro lado, Wayne, el padre de Shana, no reaccionaba ante comentarios relacionados con la edad. Sin embargo, no soportaba que su hija le acusara de no quererla y de ser un egoísta. No dejaba de preguntarse cómo podía decir semejantes cosas, sabiendo lo mucho que la quería.

Tras detectar las palabras específicas que les molestaban, Sharon y Wayne empezaron a intercambiarlas una y otra vez. En ciertos momentos, les entraba la risa al oír las dramáticas palabras de Shana en boca del otro. Este intercambio ayudó a reducir la carga emotiva de las palabras y sacó a la luz lo absurdo de las frases de Shana. Sus palabras estaban perdiendo parte de su poder.

Permíteme comentarte que no deberíais hacer este ejercicio con vuestro hijo delante, ya que su intención no es que te rías de él. Su finalidad es, más bien, ayudarte a afrontar eficazmente todo comportamiento nocivo que pueda llegar a interferir en el éxito de tu contrato.

Ahora que ya hemos identificado estas palabras en tu hijo, llega el momento de mirar las que nosotros utilizamos con él, por ejemplo: «¿Cuándo vas a hacer algo a derechas?», «¿Cuál es tu problema?», «En qué estarías pensando...»,

«¿Cuándo vas a crecer un poco?». Aunque los padres no solemos tener planeados estos dardos verbales, cuando el nivel de desesperación sigue subiendo, ¿qué padre en alguna ocasión no ha terminado lanzando uno a su hijo? ¿Te suenan frases como: «¿Se te ha olvidado todo lo que te dije?», «¿Cómo has podido ser tan irresponsable?» o «Con tu edad, jamás hice semejante estupidez». Muy a menudo, nuestras palabras hirientes son respuesta a las de nuestros hijos, pero independientemente del que haya iniciado la contienda, el intercambio mutuo de dardos anula cualquier intento de compromiso, cooperación y comunicación.

Con el fin de ayudarte a controlar tus propias palabras, al igual que hiciste con las de tu hijo, haz una lista de todas ellas, compártela con tu pareja o amigos e intercámbiala una y otra vez. Anota qué sensación da recibir uno de tus dardos; seguramente no es muy agradable.

Según avanzas en la elaboración de tu contrato, te recomendaría que no prestaras atención a los dardos dialécticos que lance tu hijo. No les des la menor importancia. Cuando los oigas, sal de la habitación donde estés. También te pido el esfuerzo de intentar renunciar a los *tuyos*. Muérdete la lengua y evita esos dardos envenenados.

Esta restricción puede llegar a ser dura, pero a medida que se reduzca su número, te resultará más sencillo negociar y desarrollar el contrato. Ignorar estas palabras y reprimir el deseo de utilizar las tuyas propias no será una tarea sencilla; coméntale tus esfuerzos a tu pareja o amigos, ya que en ellos encontrarás ánimos y apoyo.

Nuestra sugerencia

Haz una lista de las palabras que te sacan de quicio y de las que tú utilizas con el mismo efecto en tu hijo. Desensibilízate de toda su carga emotiva intercambiándolas con tu pareja o amigos. No importa lo que cueste, intenta ignorar las de tu hijo y evita emplearlas tú.

Hay numerosas ventajas adicionales en el hecho de disminuir los intercambios negativos y con carga emocional entre tú y tu hijo. Casi todos los adolescentes saben cuándo han metido la pata, por lo que atacar verbalmente, además de no resultar efectivo para un cambio de comportamiento, puede dar como resultado que su enfado sea mayor y que aumente la distancia entre los dos. A medida que va disminuyendo este lenguaje ofensivo, son más realistas las probabilidades de una comunicación productiva y beneficiosa para ambos.

Volvamos al tema de lo positivo y aprendamos la importancia que tienen los incentivos como pilares fundamentales del contrato.

Los incentivos

Cuando desarrolles el contrato, elegirás ciertos incentivos para tu hijo como recompensa por un comportamiento responsable. La selección de estos premios y su uso eficaz es una tarea muy delicada que requiere una comprensión total, por lo que es muy aconsejable que dediques tiempo extra a esta sección con el fin de obtener un éxito seguro.

¿Qué son los incentivos?

Los incentivos son un requisito indispensable en los contratos de conducta. Sin ellos, será imposible que el contrato fructifique. Para conseguir todos aquellos cambios que deseas, deberás recompensar los buenos comportamientos de tu hijo. Y esto no tiene vuelta de hoja. Casi todos los adolescentes consideran recompensas cosas como participar en actividades de su agrado, conseguir tiempo libre en casa y pequeñas ayudas económicas para ciertas actividades y compras.

Hay padres con los que trabajo que cuestionan el uso de estas recompensas, ya que piensan que no es adecuado «sobornar» a los hijos. Sin embargo, yo no meto los premios y los sobornos dentro del mismo saco. En el contrato que desarrollarás mas adelante, designarás las recompensas como *incentivos merecidos*. Tú y tu hijo planificaréis lo que deberá hacer para obtener estas recompensas. La obtención de éstas será como recibir compensaciones y beneficios por un trabajo bien hecho. ¿Acaso consideras tu sueldo de final de mes un soborno? ¿O una paga extra? Sería raro que alguien contestara que sí ya que todos han trabajado para ganárselo.

Tu hijo conseguirá estos incentivos haciendo su trabajo: actuar de forma responsable, ir al colegio, adquirir conocimientos y cumplir las reglas familiares. Si le ofreces dinero para que no cuente algo o para que mienta a tu favor, eso sí que es un soborno. Un soborno también puede ser un regalo inesperado a tu hijo por algo que debería hacer sin que se le pidiera. Un caso sería si, por ejemplo, le regalas un CD para que devuelva un vestido caro que compró con tu tarjeta de crédito sin tu permiso. El soborno para que haga algo que debería salir de él, le da a entender a tu hijo que apruebas el engaño y la mentira. Por el contrario, las recompensas ganadas con esfuerzo son beneficiosas para ti y para tu hijo.

Cuando pienses en las recompensas que le darás a tu hijo, ten presente los siguientes consejos:

- **Todo lo que le guste a tu hijo es una posible recompensa.** Las actividades y las compras pueden ser grandes incentivos para tu contrato. Puede que a tu hijo le encante pasar horas al teléfono, jugar con el ordenador, escuchar música o ver la televisión. También puede disfrutar con actividades fuera del horario lectivo, como pertenecer a un club o practicar algún deporte. ¿Y qué hijo no encuentra en el fin de semana algo que esté deseando hacer? Las actividades de los fines de semana son grandes recompensas. A pesar de que es posible que padres e hijos no estén de acuerdo en ciertos premios, como llegar a casa tarde o comprar ropa cara, hay muchas más en las que seguramente sí coinciden. ¿Qué hijo iba a desperdiciar la oportunidad de conseguir una ayuda para esa moto con la que sueña?

- **Las preferencias y la conveniencia de las recompensas vienen regidas por la edad.** Es lógico pensar que la edad de tu hijo influirá en el tipo de incentivos. Obviamente, dejarle el coche a tu hijo de 18 años puede ser una recompensa buena, pero no sería adecuada para un hijo de 14 o 15 años. Sea cual sea la edad de tu hijo, y hagan lo que hagan los demás padres, nunca deberías utilizar como premio algo con lo que no estás de acuerdo o que te desagrada.
- **Cada hijo tiene gustos diferentes.** Como cada hijo es un mundo, asegúrate de que eliges recompensas de su agrado. Mientras que uno de tus hijos puede ver una entrada a un museo como recompensa, otro puede verlo como un castigo. Lo mismo ocurre con las actividades o el ocio; lo que a unos les gusta a otros puede resultarles una tortura.
- **Tu apoyo y ánimo son dos importantes recompensas.** Aunque tu hijo aparente en ocasiones que no le importan tus apoyos o elogios, en realidad sí le afectan. Si todos los intentos anteriores por ser positivo y alentador no han funcionado, vuelve a intentarlo. Cuando estas palabras vayan acompañadas de un contrato de conducta positiva, la amabilidad que contienen estarán cargadas de más fuerza y sinceridad.

Las palabras agradables tienen una gran importancia. Proponte hacerle ver a tu hijo que eres consciente de sus esfuerzos. Aunque no te lo diga, significa mucho para él que te preocupes y te intereses o que lo agradezcas y aprecies.

Nuestra sugerencia

Busca actividades y cosas con las que tu hijo disfruta y que le gustan. Mantén bien abiertos los ojos para localizarlas. Y, lógicamente, toma nota de todo aquello que él considere indispensable en su vida. Cuando hagas el contrato, lo incluirás como recompensa, siempre y cuando estés de acuerdo.

Reglas para utilizar los incentivos

Para que las recompensas sirvan de algo, se deben utilizar de acuerdo a unas reglas muy concretas basadas en investigaciones. Los fundamentos de los premios son: deben darse *después* del comportamiento, deben ganarse y no regalarse y, finalmente, se deben presentar de forma positiva y consistente, nunca acompañados de críticas o castigos. Estas reglas pueden parecer bastante simples, pero ponerlas en práctica no es nada fácil. Tratemos ahora cada regla más detenidamente.

- **Las recompensas deben darse después de un buen comportamiento, nunca antes.** A pesar de lo tentador que puede ser, no premies las promesas de buen comportamiento. No cedas, ni siquiera a promesas tan sinceras como: «Si me dejas ir al cine, te prometo que hago todas las tareas cuando llegue a casa». Mantente firme aunque tu hijo te siga contando que: «Es que si tengo que hacer todas las tareas antes, se me va a hacer muy tarde para ir al cine». Seguramente tu hijo tenga toda la razón del mundo, pero eso no significa que deba ir al cine. Podrías sugerirle que vaya al cine el fin de semana, que es cuando tiene más tiempo libre, y después mencionarle cualquier cosa agradable que también podría hacer después de terminar los deberes, pero en casa.
- **Las recompensas deben ganarse**. Es duro que tu hijo tenga que conocer la relación existente entre su comportamiento y las consecuencias del mismo. Las recompensas o los incentivos que gana le ayudan a aprender la relación causa-efecto entre lo que hace y lo que le sucede. Por ejemplo, si tu hijo llega a casa a su hora, se le puede recompensar con el privilegio de poder seguir saliendo y puede incluso ganarse una ampliación de hora. Por el contrario, si llega tarde, la consecuencia puede ser que no salga una o dos noches. Como primer paso para responsabilizarse de sí mismo y de sus actos, es esencial que aprenda la conexión entre su comportamiento y las consecuencias que entraña el mismo. Nuevamente, tu contrato le brindará continuas

oportunidades de experimentar esta relación. Si te acostumbras a recompensar a tu hijo sin justificación, se pierde esta relación entre causa y efecto. Aunque de vez en cuando no esté mal, e incluso sea divertido dar una recompensa inesperada, hacerlo frecuentemente es contraproducente. Le hace entender a tu hijo que sus acciones carecen de importancia, al tiempo que te da demasiado control arbitrario sobre él, ya que en estas condiciones depende de ti, y no de tu hijo, el hecho de recibir una recompensa.

- **Las recompensas se deben presentar de forma positiva**. No importa que las recompensas ideadas sean fantásticas, si tú no las presentas como algo positivo, todo su efecto beneficioso se va por la borda. Por ejemplo, si por haber acabado las tareas, tu hijo se ha ganado el derecho a jugar a un videojuego durante media hora, no entres en su habitación mostrando tu desagrado por la recompensa. No digas algo como: «Ojalá no jugaras tanto con el videojuego; ¿por qué no haces algo constructivo con tu tiempo libre?». Se trata de *su* tiempo libre y eso es lo importante. Si el contrato establece jugar a los videojuegos como premio, que lo haga tranquilamente. Si no te gustan ciertos juegos o actividades, no los incluyas como recompensas. Lo mismo se puede decir para el teléfono. A los adolescentes les encanta el teléfono, especialmente a las chicas. Se trata de una forma fantástica y segura de hablar de todo y de nada a la vez. Si tu hija se ha ganado tiempo libre y elige como recompensa llamar por teléfono a una amiga, eso es cosa suya. Evita comentarios del tipo: «¿Cómo puedes pasar tanto tiempo hablando por teléfono?».
- **No mezcles recompensas con críticas**. Si mezclas los elogios con la crítica, provocas en tu hijo la desmotivación y una posible actitud de sospecha hacia ti. Cuando seas positivo y le prestes tu apoyo, tu hijo puede temer que la felicitación venga seguida de la crítica y la sugerencia. Por ejemplo, imagínate que tu hija llega a casa con un notable. Enseguida le haces ver lo orgullosa que estás de ella, pero no debes acompañar este comentario con frases como: «Si estudiaras un poco

más, ¿no crees que la próxima vez podrías traer un sobresaliente? Ya sabes lo importante que son las buenas notas para entrar en la universidad». En lugar de este comentario, muéstrale tu apoyo por un trabajo bien hecho y deja las sugerencias para otro momento. Si mezclas elogios con crítica, es muy probable que a tu hijo no le guste tu actitud.

- **Practica la actitud positiva**. Como forma de retomar esta actitud, proponte decirle algo positivo a cada miembro de tu familia todos los días. Por ejemplo, si la rutina matutina ha ido bien, no perfecta pero sí aceptable, podrías comentarle a tu hija lo mucho que aprecias su ayuda. Podrías decir algo como: «Vaya, vaya, esta mañana ha sido fantástica». *Nunca* algo como: «Ya va siendo hora de que te espabiles por las mañanas. Estoy muy harto de tu actitud negativa». Si tu hijo llega a casa del colegio a su hora y te llama al trabajo para decírtelo, hazle ver lo mucho que valoras su actitud. Agradécele que se haya acordado de llamarte y coméntale que estás deseando verle cuando llegues. Déjalo así. No vayas a añadir: «¿Crees que esta nueva responsabilidad te durará hasta mañana?». Si tu hija te ayuda cuidando a su hermano menor, agradéceselo. No le pongas nota a su comportamiento diciéndole: «Tu hermano se ha portado tan bien hoy que no ha valido como prueba para saber si has cambiado». En otras palabras, sé breve, conciso y, sobre todo, completamente positivo.

Nuestra sugerencia

Empieza a ser positivo. Siguiendo las reglas que acabas de leer, dile al menos una cosa positiva a tu hijo todos los días. Si necesitas practicar, empieza ya. Puedes usar un espejo para ensayar frases que comuniquen tus sentimientos positivos. Si no estás acostumbrado a esta actitud, intenta cambiar el chip. Sé tú, pero positivo. A la larga, merecerá la pena.

¡Enhorabuena! Ya conoces las bases para crear un hogar más pacífico. Llega el momento de pasar al siguiente capítulo para aprender cómo plasmar estas bases en un contrato.

Parte 2ª

Desarrollar un contrato

3

Elegir las reglas

Cuando te encuentres en esta fase del contrato en la que tienes que decidir las reglas, las recompensas y los métodos disciplinarios que deseas incluir en el mismo, ten en cuenta las pautas que indico a continuación.

Los contratos deberían ser un esfuerzo conjunto, no una situación de «nosotros contra ellos». Los contratos no son dispositivos para detectar las malas conductas de tu hijo, su objetivo principal es fomentar en él un mejor comportamiento. Tampoco deben suponer una misión imposible para tu hijo, por lo que deberían incluir comportamientos que sean realistas y aplicables a la vida diaria. No olvides tampoco que no son trampas que pones a tu hijo. Por ejemplo, en la primera metedura de pata, no le recrimines diciendo: «Sabía que no ibas a poder seguir este contrato por lo inmaduro e irresponsable que eres. Estás castigado para siempre o, al menos, hasta que hayas madurado un poquito» (lo que en esta situación podría significar que está castigado para siempre).

Un contrato tampoco es un sistema basado en lo negativo en el que, al principio, a tu hijo se le permite hacer cosas y, luego, se le castiga por equivocarse. Los contratos deben tener un componente positivo. Un contrato perfecto es aquel que ofrece incentivos a los hijos por cosas que tú quieres que hagan. Si tu hijo se comporta bien, gana el privilegio de elegir algo que desee

hacer. Los adolescentes necesitan contratos que incluyan incentivos positivos que les ayuden a ver que su forma de actuar y comportarse sí importa y que, dentro de los límites del contrato y adecuando su comportamiento, pueden controlar las consecuencias. Con el tiempo, los contratos positivos fomentan el autocontrol y la responsabilidad, que son cualidades que benefician a todos y cada uno de los adolescentes. Los contratos también pueden crear una atmósfera de cooperación que infunda confianza y respeto entre padres e hijos.

Aunque cada familia plantea su propio juego de normas, las que aparecen en la *Lista de control de las reglas del contrato* que aparece más adelante, suponen un buen punto de inicio.

Esta lista es un resumen pragmático de los comportamientos en los que más insisten los padres. Incluye lo que yo denomino *comportamientos obligados* y *comportamientos sensatos*. Los primeros son aquellos en los que los padres deben hacer hincapié: los relacionados con el colegio, como ir a clase o hacer las tareas, y los relacionados con la seguridad individual, como pedir permiso para salir, informar a los padres de dónde piensan estar o llegar a casa a la hora acordada.

Estos comportamientos *deben* ser una realidad para que tu hijo pueda adquirir las capacidades necesarias para convertirse en un adulto cuyas actitudes y acciones sean responsables e independientes. Los comportamientos sensatos son todos aquellos que hacen la vida más fácil, como levantarse a tiempo, ser cortés y educado con el resto de la familia y colaborar cuando se le pida. En el apéndice A encontrarás una copia de esta lista de control.

Reglas de seguridad personal

Esta categoría de comportamientos obligados está relacionada con la seguridad personal de tu hijo y tu propia tranquilidad. Los padres necesitan saber que su hijo está bien y que no le pasa nada.

Lista de control de las reglas del contrato

Instrucciones: Elige las reglas que desees incluir en el contrato. Puedes utilizar el espacio libre al lado de cada regla para definirla de forma más concreta.

Reglas de seguridad

- ☐ Avisar con antelación de las actividades planeadas
- ☐ Llamar cuando se llegue del colegio
- ☐ Llegar a la hora establecida
- ☐ Realizar actividades acordadas:
  ____
  ____
  ____
  ____
- ☐ Otras reglas:
  ____
  ____

Reglas educativas

- ☐ Ser puntual
- ☐ Ir a todas las clases
- ☐ Portarse bien
- ☐ Hacer las tareas
- ☐ Aprobar los exámenes
- ☐ Otras reglas:
  ____
  ____

Reglas familiares

- ☐ Levantarse y arreglarse por la mañana
- ☐ Ordenar la habitación
- ☐ Ayudar en casa
- ☐ Llevarse bien con el resto de la familia (padres y hermanos)
- ☐ Cumplir con las obligaciones
- ☐ Portarse bien en las comidas
- ☐ Ir a la cama a la hora establecida
- ☐ Otras reglas:
  ____
  ____

Nuestra sugerencia

Copiar: Haz una copia de la *Lista de control de las reglas del contrato* del apéndice A.

Rellenar: **Cuando revises las reglas de seguridad personal, familiares y educativas, ve seleccionando las que valen para tu familia y añade las tuyas propias. Cuando leas las descripciones, intenta definir cada regla de la forma más específica y clara posible.**

Guardar: **Guarda esta lista de control, ya que la necesitarás cuando hagas el borrador del contrato.**

Que no te dé vergüenza o apuro querer saber qué hace tu hijo cuando no está en casa. Vive bajo tu mismo techo y no es mucho pedir que te mantenga informado de sus actividades. Pero es posible que necesite cierto estímulo que le ayude a acordarse de avisarte con tiempo de lo que piensa hacer y con quién, avisar cuando piense llegar tarde y cumplir con la hora de llegada de los fines de semana. El uso de un contrato puede ayudar a que tu hijo aprenda a adquirir esta responsabilidad de una forma positiva y definitiva. Cuando negocies con tu hijo, definirás exactamente los parámetros de estas obligaciones relacionadas con su seguridad personal pero, por ahora, sería conveniente que desarrollaras una idea de lo que deseas incluir.

- **Avisar con antelación de los planes.** Tu hijo necesita decirte con antelación dónde va a ir, con quién y qué es lo que piensa hacer. Los adolescentes parecen estar cambiando continuamente de planes, por lo que debes intentar estar abierto a los cambios de última hora. Siempre que le des el visto bueno a lo que desea hacer, no le debes poner trabas. Evita frases como: «No entiendo ese cambio de planes. ¿Qué pasa, que ya no te gusta lo que querías hacer antes?». En lugar de esto, hazle ver que no te opones a este cambio de última hora.

  En mi familia nos pasaba que todavía no nos habíamos puesto de acuerdo en una cosa y ya discutíamos sobre otra. En los primeros

años de instituto de mis hijos, ir al cine era ir luego al centro comercial, que pasaba a convertirse en visitar a un amigo, pero que terminaba siendo invitar a los amigos a casa, y todo esto en una sola tarde. Aunque puede llegar a ser frustrante para los padres, es importante aceptar estos cambios con paciencia. Tu hijo está aprendiendo a planificar y organizar un acontecimiento, al tiempo que está intentando complacer a varias personas a la vez. Así que no importa lo frustrante que parezca, no te desanimes, alégrate por tener una mente abierta y asegúrate de que tu hijo sepa lo mucho que valoras que te mantenga al corriente de todos esos cambios.

- **Avisar cuando llegue a casa.** Tu hijo debe llamarte cuando se supone que lo tiene que hacer. Si no hay nadie en casa cuando tu hijo vuelve del colegio, insiste en que te llame para decir que ha llegado. Si tienes un hijo de entre 13 y 15 años, búscale actividades para después del colegio, ya que suele ser en esas horas cuando acechan más los problemas. Si tu hijo tiene multitud de actividades a las que acudir, puedes pedirle por la mañana temprano que te llame para mantenerte informado de dónde está y de lo que está haciendo. Cuando te llame por teléfono para decirte que ha llegado a casa, hazle ver lo mucho que valoras esa llamada. No aproveches esta oportunidad para hacerle un interrogatorio de lo que ha hecho durante todo el día. Lo mejor es que le digas algo agradable, como lo mucho que deseas llegar a casa y que paséis un rato juntos. Si estás disgustado cuando hables con él, evita reaccionar de forma exagerada, escúchale, ofrécele tu apoyo y dile que podréis hablar mucho más cuando vuelvas del trabajo.

- **Cumplir con la hora de llegada.** Tu hijo debería llegar a casa a su hora y llamar cuando vaya a retrasarse. Necesitas establecer una hora de llegada para los fines de semana y otra para los días de diario. Aunque estas horas son decisión tuya, te puede resultar útil preguntarle a otros padres para hacerte una idea aproximada de cuándo llegan sus hijos a casa. De momento, empieza con una hora que no te resulte un quebradero de cabeza. Sin embargo, debes estar preparado para cambiarla más adelante si tu hijo te demuestra que es responsable llegando a su hora.

Esto suele suceder en los adolescentes mayores ya que, seguramente, ven esta ampliación de la hora como un signo de respeto y confianza.

- **Participar en actividades acordadas mutuamente.** Teniendo en cuenta la edad de tu hijo, su nivel de responsabilidad y su sistema de valores, ¿en qué actividades puedes estar de acuerdo? La mayoría de los padres no permiten que sus hijos fumen, beban o consuman drogas, tengan la edad que tengan. Tampoco perdonan la mentira. Cualquier tipo de comportamiento ilegal, como robar, está prohibido igualmente. Es inaceptable cualquier conducta que viole los derechos de uno mismo y de los demás.

Tal vez te preocupe el tipo de películas que tu hijo pueda ver. Sin embargo, como las películas están clasificadas por edades, ya existe esta restricción sobre tu hijo, por lo que no sería necesario crear una regla al respecto.

Aunque a casi todos los adolescentes les encantan las fiestas, aquella que no cuente con la presencia de un adulto debería estar prohibida. No soy muy partidaria de que los adolescentes de cualquier edad vayan a fiestas incontroladas, ya que nuestros hijos se exponen a un gran número de riesgos. En mi barrio, hay una familia que está siempre metida en problemas por fiestas de este tipo. No obstante, estas fiestas están a la orden del día, especialmente para adolescentes que dispongan de algún medio de transporte. Si tu hijo es un adolescente responsable y algo mayor ya, podrías ser realista y hablar con él sobre cómo debería comportarse en el caso de que se encuentre en una fiesta que no cuente con supervisión adulta. Déjalo todo claro y escucha su opinión sobre las posibles soluciones.

Evita tener que imponerle los amigos a tu hijo. En vez de esto, adopta una actitud previsora y proponte conocer a todos sus amigos. Invítales a casa, preséntate y muestra interés. Después de esto, déjales solos pero mantente cerca, preguntando de vez en cuando si alguien quiere algo de comer o beber. A menos que tengas pruebas de que uno de los amigos de tu hijo es un delincuente, no pongas restricciones a sus relaciones.

Las reglas para tener pareja variarán dependiendo de la edad y del grado de madurez de tu hijo. Por regla general, los adolescentes jóvenes hacen las cosas en grupos del mismo sexo, pero gradualmente se van creando grupos que abarcan ambos sexos.

Aunque muchos adolescentes jóvenes tienen pareja, no es un hecho con el que esté de acuerdo, especialmente en el caso de chicas jóvenes que salen con chicos mayores. Muy a menudo, esta situación deriva en que la chica recibe presiones para mantener relaciones sexuales para las que no está preparada y que no entiende.

Una diferencia de dos años debería ser el máximo permitido. No debe haber precipitación alguna en este aspecto. Nunca presiones a tu hijo por este tema; recuerda que no hay prisa. Después de todo, tiene toda la vida por delante para volverse loco intentando comprender el amor.

¿Cuáles son tus reglas sobre las relaciones sexuales? En el caso de los adolescentes más jóvenes, puedes controlar las situaciones en las que exista cualquier posibilidad de relación sexual. Para los mayores, prohibir el comportamiento sexual y/o intentar controlarlo resulta muy complicado, por no decir inútil en la mayoría de los casos. Lo mejor que puedes hacer es ayudar a que tu hijo desarrolle sus propias normas estrictas referidas a las relaciones sexuales. Explicaremos este proceso en un capítulo posterior donde se trata cómo aclarar el sistema de valores.

Dentro del contexto de tu contrato, cuando tu hijo participe en actividades aprobadas, no sólo estará cumpliendo con las reglas, sino que además estará disfrutando por el hecho de realizar actividades que son gratificantes en sí mismas. En otras palabras, si tu hijo cumple con las reglas del contrato, ganará privilegios, como salir con los amigos o hacer las cosas que le apetecen. Estas actividades también sirven como recompensas; volveremos a hablar de ellas en el siguiente capítulo.

- **Seguir otras reglas de seguridad.** ¿Hay otras reglas de seguridad que consideras *necesarias* para tu hijo? Elígelas bien y no incluyas demasiadas. Antes de decidir un comportamiento obligado, piénsatelo larga y tendidamente. Lo normal es que los adolescentes se rebelen si les cargas con demasiadas obligaciones.

Reglas educativas

Tu hijo debe adquirir ciertos conocimientos que necesitará cuando sea adulto. Si no termina el instituto, contará con menos posibilidades de tener un futuro prometedor. Considero que ir al instituto y conseguir el título de bachillerato es un comportamiento obligado que no se puede negociar. Si existe la posibilidad de ir a la universidad, te recomiendo que animes a tu hijo a continuar por ese camino. El cumplimiento de una serie de reglas en el colegio o el instituto le inculcará unas aptitudes que le serán de gran ayuda en la universidad.

Lo justo es que estas reglas educativas sean: ser puntual, ir a todas las clases, comportarse de forma adecuada, hacer las tareas a tiempo y aprobar los exámenes. Aunque tu hijo no presente problemas en estos terrenos, es importante que formen parte del contrato para que así aprecie la importancia de las reglas educativas. Sin embargo, no es necesario cuando los adolescentes son autosuficientes, tienen edades avanzadas, cumplen estas normas y les va bien en los estudios. El hecho de hacerlo bien puede ser ya bastante gratificante.

Sea cual sea la situación de tu hijo, dedícale de vez en cuando unas palabras de elogio, ya que hasta los mejores estudiantes necesitan esos comentarios.

- **Ser puntual en las clases.** Parece lógico pensar que si tu hijo llega tarde una o dos veces al mes o, de vez en cuando, tiene algún pequeño altercado, un contrato que le recompense la puntualidad y la buena conducta puede resultar beneficioso. Sin embargo, si tu hijo llega tarde normalmente, hay veces que no va a clase y se le considera un problema dentro del instituto, seguramente un contrato no será suficiente. Lo mismo ocurre si trae malas notas con frecuencia. En ambas situaciones, te recomendaría que hablaras con el jefe de estudios de tu hijo antes de recurrir a ayuda profesional externa.

- **Ir a todas las clases.** Asegúrate de que estás al corriente de todas las clases a las que debe asistir tu hijo. Si falta mucho, deberías pedir en el centro que controlaran su asistencia.

- **No meterse en problemas.** También deberías definir qué es para ti un *mal comportamiento.* Si tu hijo hace algo por lo que el centro educativo decide castigarle, ¿consideras que este castigo es suficiente o prefieres agregar otro en el contrato? Recomendaría que si el castigo del centro no sirve de nada, añadieras uno propio en el contrato. Hay veces en las que una dosis doble es necesaria para que los hijos se espabilen. Si lo que presenta un problema son las notas o hacer las tareas, deberás recurrir a un sistema que implique la firma semanal del profesor para probar que su rendimiento en esa asignatura ha sido aceptable. Nuevamente, asegúrate de que tu hijo puede cumplir con estos términos del contrato antes de acudir a otros métodos más estrictos.

- **Hacer todas las tareas.** Puedes utilizar el contrato para conseguir que los adolescentes, especialmente los más jóvenes, hagan todas las tareas. Pasar del colegio al instituto supone nuevas experiencias, profesores nuevos, aulas distintas y clases más difíciles. Un contrato que

recompense las buenas costumbres de estudio y la finalización de todas las tareas puede ayudar a que tu hijo vaya por el buen camino y se adapte a estos cambios. Por ejemplo, ganar tiempo extra por terminar cierta cantidad de tareas o por estudiar durante cierto tiempo suele ser una recompensa eficaz. Si tu hijo tiene dificultades para acordarse de traer el material de trabajo a casa o de llevarlo al colegio, podrías también premiar este aspecto, al menos hasta que pase a ser una costumbre.

- **Evitar agobios de última hora.** Una buena planificación, que implique sacar parciales adelante o estudiar un examen sin precipitaciones, debería traer consigo una recompensa. Tal vez podrías incluir una si tu hijo te avisa de exámenes o parciales próximos.
- **Aprobar los exámenes.** Una de las reglas del contrato será que tu hijo deberá enseñarte todas las tareas, todos los exámenes y todas las notas informativas. Si no lo hace, establece un sistema de control con sus profesores. Como es probable que esto resulte muy embarazoso para tu hijo, no lo pongas en práctica a menos que sea estrictamente necesario. Podrías decirle algo así como: «Espero que podamos solucionar esto por nuestra cuenta, porque si no tendré que hablar con el jefe de estudios y con tus profesores para que me den ideas».
- **Obedecer las reglas educativas.** Nuevamente, elige sólo aquellas que sean absolutamente necesarias, ya que si pones demasiadas, tu hijo perderá el interés y se frustrarán todos tus esfuerzos y, en consecuencia, el contrato.

Reglas familiares

Las reglas familiares son aquellas que incluyen los comportamientos sensatos. Seguramente, si piensas en el día a día de tu familia, identificarás algunos de los que expongo más abajo. Para este tipo de reglas, no debes crearte

expectativas altas, sino que es conveniente que elijas actividades fáciles de llevar a cabo, al menos en un principio.

- **Ir a clase.** Esto significa que tu hijo se levante temprano, se prepare solo para ir a clase, termine cualquier tarea pendiente y llegue puntual al colegio. Ten una idea general del tiempo que necesita para realizar todas estas tareas matutinas.

  Para mí, que el día empiece con la familia en pleno esforzándose en que todo salga bien es ya un gran comienzo. Es algo que yo siempre incluiría en el contrato. Por el contrario, empezar la jornada con una aureola negativa llena de quejas y discusiones puede poner los cimientos para que el día termine siendo horrible en todos los sentidos. Para fomentar una mañana que «funcione», tienes que pensar en todo lo que se tiene que hacer y el tiempo que es necesario para realizarlo. Basándote en ese cálculo y en la hora en la que tu hijo debe llegar a clase, obtendrás el tiempo exacto que necesita para prepararse y llegar al instituto.

- **Arreglar la habitación.** El cuarto de un adolescente es su castillo. Sin embargo, es necesario que te asegures de que las bacterias y los hongos no se apoderan de ese lugar sagrado. Un contrato puede garantizar unas normas mínimas. Pregúntate a ti mismo: «¿Qué es lo mínimo que le puedo exigir?». Puedes incluir cosas como llevar a la basura los restos de comida, poner la ropa sucia en el canasto y devolver los objetos prestados tras cierto período de tiempo. Proponte establecer una hora del día a la que deben estar hechas estas tareas como, por ejemplo, a primera hora de la tarde. Si eres obsesivo con la limpieza (probablemente, tu hijo será todo lo contrario), pídele que cierre la puerta y no entres a menos que sea estrictamente necesario. Piénsalo, ¿qué importa cómo esté la habitación de tu hijo? Los adolescentes necesitan grandes escenarios donde expresarse. La habitación de un adolescente es un espacio seguro donde declara quién es

él en cualquier rincón al que mires. De hecho, ahorrar para poder comprar elementos decorativos para su habitación es una recompensa muy deseable para muchos adolescentes.

Decide los requisitos mínimos que tu hijo es capaz de cumplir. Luego, establece la hora límite a la que debe tener la habitación ordenada.

- **Ayudar en casa.** Esta ayuda puede variar enormemente de unas casas a otras. Puedes incluir lavar la ropa, guardar los trapos en su sitio, fregar los platos, ayudar a hacer la comida, cuidar del perro o del gato (darle de comer, sacarle de paseo y cepillarle), sacar la basura, limpiar los baños y colaborar cuando se le pida. Simplemente, asegúrate de no asignarle un número de tareas tan grande que no le deje tiempo para hacer los deberes o para disfrutar de unos minutos de tiempo libre.
- **Llevarse bien con el resto de la familia.** Aunque las respuestas monosilábicas y apenas audibles pueden ser lo normal en los jóvenes adolescentes, especialmente en el sexo masculino, no tiene por qué ser siempre así. Con el tiempo y milagrosamente, recuperan el deseo de hablar. Y, por supuesto, los adolescentes deberían tener permiso para decir lo que piensan y oponerse a otros puntos de vista, incluidos los de los padres. Pero independientemente de la edad, las guasas excesivas, las palabrotas, las peleas y cualquier otro comportamiento desagradable debe estar totalmente prohibido. Sugiero la inclusión de una regla que obligue a tener un comportamiento cortés con el resto de la familia ya que, además, es un método para evitar cualquier conducta grosera. Las normas de cada familia, lógicamente, serán distintas.
- **Actuar de forma responsable.** Se trata de una categoría general que incluye comportamientos como levantarse y prepararse por su cuenta o irse a la cama sin que tengas que recordárselo. A esto le puedes añadir promesas u obligaciones pendientes o ayudar cuando se le pida.

- **Portarse bien en las comidas.** Cuando tu familia esté comiendo, tu hijo debería ser educado y mostrar un comportamiento aceptable. Establece unos requisitos mínimos en este aspecto.
- **Ir a la cama a la hora establecida.** Para los adolescentes más jóvenes, debes establecer una hora razonable para que se vayan a la cama. Hazle ver a tu hijo todo lo que tiene que hacer antes de acostarse. Entre los adolescentes de más edad, hay algunos a los que les gusta establecer su propia hora. Si llegan puntuales a casa y hacen todo lo que deben, este plan no es mala idea. Pero si no pueden hacerlo, tendrás que ponerles tú la hora hasta que demuestren que ya son responsables.
- **Respetar las reglas familiares.** Tal vez tu hijo tenga una o dos manías que te vuelven loco por carecer de sentido o ser desconsideradas. Por ejemplo, si al llegar del colegio deja la mochila en la misma puerta, convirtiendo el entrar en casa en un ejercicio propio de un campo de maniobras, deberías incluir una regla que le obligue a llevar la mochila a su habitación. Si tu hijo deja la bici tirada en cualquier sitio y te hace salir del coche, quitarla del camino y llevarla al garaje, incluye una norma que obligue a dejar la bici en el garaje. Si tu hija os deja sin agua caliente cada vez que se ducha, tal vez puedas utilizar el contrato para quitarle esta costumbre. No intentes corregir demasiadas manías de una vez y, como siempre, sanciona sólo aquellas que hagan imposible la convivencia.

Estas reglas de seguridad, educativas y familiares que acabamos de ver incluyen comportamientos fundamentales para tu tranquilidad y para garantizarle un buen futuro a tu hijo. De ahí que se hayan incluido. Estoy segura de que te has dado cuenta de que no he mencionado reglas que rijan los gustos personales, como la música, la ropa o la apariencia física. Aunque estos comportamientos pueden llegar a molestar, mi opinión es que representan batallas en las que no merece la pena luchar. Por ejemplo, el colegio de tu hijo ha podido establecer ya unas normas de indumentaria y apariencia así que, ¿por qué no dejar que el colegio se encargue de este campo? En general, en lugar de imponer unas reglas inútiles e inservibles, sugiero que intentes ignorar los típicos comportamientos irritantes, así como las preferencias musicales, en la ropa, en la forma de hablar y en las opiniones que pudieran tener sobre cosas que desconocen por completo. Y, de ninguna manera, pierdas el tiempo criticándoles, ya que esto sólo sirve para que tu hijo se obceque más en estas preferencias y comportamientos. De hecho, te recomendaría que hablaras con tu hijo evitando cualquier juicio sobre sus gustos e intereses. Esta conversación puede ser muy interesante y sacar muchas cosas a la luz.

Una vez que hayas decidido las reglas de tu contrato, llega el momento de avanzar y elegir los incentivos que deseas utilizar.

4

Seleccionar las recompensas

Una vez elegidas las reglas del contrato, llega el momento de centrarse en las recompensas y de seleccionar los incentivos. Sin embargo, hay ocasiones en mi trabajo en las que me encuentro con familias que son contrarias a la idea de utilizar un contrato que incluya recompensas.

Veamos a continuación el riesgo que conlleva la omisión de dichos incentivos.

Hartos de tener que rogarle y suplicarle a su hija Ramona, de 14 años, todas las mañanas que no llegara tarde al colegio, los García decidieron no hacer nada y dejar que Ramona se responsabilizara de su lentitud. Tenían la esperanza puesta en que, con el tiempo, las consecuencias negativas de su comportamiento irresponsable bastarían para hacerle cambiar. Sus padres supusieron que cuando tuviera que limpiar el comedor del colegio por llegar tarde varias veces, Ramona se propondría llegar puntual a clase. Pero ya no es sólo que se retrasase, sino que además el subdirector del centro tuvo que llamar a la madre al trabajo en dos o tres ocasiones para preguntarle dónde estaba su hija.

Lógicamente, Ramona cada día iba más tarde al colegio. Al hablar con ella del problema, me explicó que sus padres, aún sabiendo lo difícil que era para ella levantarse de la cama, la habían dejado sola todas las mañanas.

Aunque siempre tenía la intención de levantarse, el hecho de dormir un poco más era tan placentero que se volvía a quedar dormida. Su primera clase era tan aburrida que no le importaba perdérsela y, además, sus notas no se estaban viendo afectadas.

Los días que tenía algún examen, siempre llegaba puntual. También me confesó que independientemente de los minutos que se retrasara, el castigo iba a ser el mismo: limpiar el comedor del colegio o estar castigada por la tarde. Ninguno de estos dos castigos le importaba mucho. Cuando el subdirector insinuaba un posible castigo, cambiaba de actitud durante unos días hasta que pasara el peligro y, después, otra vez vuelta a lo mismo. Ramona tenía claramente la situación controlada.

Al trabajar con Ramona y sus padres, desarrollamos un contrato que le ofrecía un incentivo por llegar puntual a clase. En su caso, la recompensa fue ir a clases de salsa dos veces por semana. Su madre también se ofreció a despertarla por la mañana, pero sorprendentemente no fue necesario ya que Ramona se ponía su despertador y se levantaba a tiempo.

Como la mayoría de los adolescentes, Ramona respondió positivamente a un contrato que le proporcionaba un incentivo por cumplir con las obligaciones, en lugar de un castigo por vaguear.

Seleccionar las recompensas

Cuando elijas las recompensas para el contrato, sería una buena idea que incluyeras como tales ciertas actividades.

En casa, tu hijo puede disfrutar hablando por teléfono, jugando a videojuegos o, simplemente, soñando despierto. Fuera de casa, a tu hijo puede satisfacerle la idea de realizar actividades estructuradas, como practicar algún deporte o pertenecer a algún club, o puede preferir actividades más abiertas como estar con los amigos. Y, por supuesto, tu hijo tendrá sus propias ideas que le gustaría incluir, ideas que tal vez tú compartas. También puedes darle la

oportunidad de ganar puntos intercambiables por dinero para cuando quiera realizar alguna actividad o comprarse algo.

Si necesitas ayuda para decidir los incentivos de tu contrato, consulta la *Lista de control de las recompensas del contrato* que encontrarás un poco más adelante. También incluimos una copia en el apéndice A.

Nuestra sugerencia

Copiar: **Haz una copia de la *Lista de control de las recompensas del contrato* que encontrarás en el apéndice A.**

Rellenar: **Señala todas las recompensas que apruebes para incluir en el contrato. Cuando lo negocies con tu hijo, mentalízate de que puede que necesites añadir o revisar algunas de ellas.**

Guardar: **Guarda esta lista de control. La necesitarás como referencia cuando hagas el borrador del contrato.**

Observemos más detenidamente las recompensas de esta lista de control.

Actividades

A los adolescentes les encanta realizar actividades de todo tipo, desde las aceptables a las totalmente *inaceptables*. Prepárate para la negociación. Aunque este es un terreno donde debes permitir las opiniones de tu hijo, es de gran ayuda que inicies las negociaciones con algunas nociones básicas de lo que estás dispuesto a considerar actividades de recompensa.

A continuación te muestro algunas sugerencias, sin embargo, teniendo en cuenta la imaginación que tienen los adolescentes, seguro que me he quedado corta.

Cuando leas cada recompensa, piensa si estarías dispuesto a incluirla en el contrato. No incluyas ninguna que te vaya a hacer sentir incómodo. Elige premios asequibles.

Lista de control de las recompensas del contrato

Instrucciones: Señala las recompensas que estés dispuesto a incluir en el contrato. Recuerda que deberás concretar los detalles de cada una de ellas cuando negocies el contrato con tu hijo. Los espacios en blanco los puedes utilizar para incluir recompensas que se os ocurran a ti o a tu hijo durante las negociaciones.

Recompensas para los días de diario

Actividades

- ☐ 15 minutos de tiempo libre
- ☐ Hablar por teléfono
- ☐ Jugar en el ordenador
- ☐ Escuchar música
- ☐ Ver la televisión
- ☐ ____________________
- ☐ ____________________
- ☐ ____________________
- ☐ ____________________

Actividades para la tarde después del colegio

- ☐ ____________________
- ☐ ____________________
- ☐ ____________________

Hora de acostarse

- ☐ Quedarse 30 minutos más tarde
- ☐ ____________________

Puntos

- ☐ Cambiar por dinero
- ☐ Cambiar por ayuda económica para actividades o compras futuras
- ☐ ____________________

Recompensas para los fines de semana

Actividades para la tarde

- ☐ Ir a casa de amigos
- ☐ Invitar a amigo(s) a casa
- ☐ Ir al centro comercial
- ☐ Ver una película
- ☐ Ir de compras
- ☐ Ir a una fiesta
- ☐ Ir en coche a algún lado
- ☐ Conducir el coche
- ☐ Otras actividades de ocio
- ☐ ____________________
- ☐ ____________________
- ☐ Hacer una compra
- ☐ ____________________
- ☐ ____________________

Recompensas mensuales

- ☐ ____________________
- ☐ ____________________

- **Tiempo libre.** A los adolescentes les encanta el tiempo libre. Tienen tantas responsabilidades y obligaciones que disfrutan enormemente cuando pueden relajarse y hacer lo que les apetezca, ya sea hablar por teléfono, ver la televisión, escuchar música o jugar en el ordenador. Unos minutos de tiempo libre (entre 15 y 30) son una buena recompensa diaria. Los adolescentes que tienen una hora establecida para irse a la cama se sienten especialmente motivados por la oportunidad de utilizar el tiempo libre ganado para quedarse levantados 30 minutos más tarde.

  Piensa en las actividades de tiempo libre en casa que apruebas y en las que no son de tu agrado. En este punto, sé tan indulgente como puedas; por ejemplo, a menos que tengas una buena razón para estar en contra, deja que tu hijo hable con los amigos por teléfono, escuche la música que le guste o vea los programas de televisión que sean de su agrado. Si estás preocupado por el contenido, escucha tú también esa música o ponte a ver el programa con él. Si tu hijo pasa cierto tiempo delante del ordenador, deja bien claro lo que pueda hacer y lo que no. En Internet hay muchísimo material inapropiado al que puede acceder. Especialmente con los adolescentes más jóvenes, sería una buena idea controlar de vez en cuando las páginas Web a las que accede.

- **Actividades para los días de diario.** Ciertas actividades que estén bien estructuradas después del colegio, como deportes o clubs, también se pueden usar como recompensas. Además, se pueden incluir como incentivos actividades más abiertas, como hacer algo con los amigos una o dos tardes por semana. Llevar a tu hijo en coche a estos sitios o, si la edad lo permite, dejarle el coche para que vaya él son también unas recompensas eficaces.

- **Actividades para el fin de semana.** A los adolescentes les encanta ir a sitios y hacer cosas con los amigos, especialmente los fines de semana. Se trata pues de una recompensa muy cotizada. Es posible que tu hijo

quiera invitar a sus amigos a casa, ir él a casa de un amigo o participar en actividades con los amigos. El hecho de asistir a una fiesta, ir al cine a ver una película o salir de compras pueden ser actividades muy motivadoras para tu hijo.

Ir de compras contigo o con los amigos puede ser una gran recompensa para muchos adolescentes. Llevarles a sitios o dejarles que conduzcan el coche pueden ser buenos premios.

- **Actividades mensuales.** Ir a conciertos, partidos de fútbol o de baloncesto pueden ser grandes recompensas mensuales. También puedes permitir compras más caras de lo habitual o que ahorren para comprarse algo más caro que deseen mucho.

Reglas para dar el visto bueno a las actividades

Estas reglas deberían ayudarte a decidir qué tipo de actividades estarás dispuesto a aceptar como incentivos. El familiarizarte con estas consideraciones también te servirá de ayuda cuando negocies las recompensas con tu hijo.

Para cualquier actividad, ya sea en casa o no, sea o no de tu agrado, debes analizar una serie de factores como en qué consiste, dónde va a ir, con quién, cómo llegará o cuánto tiempo durará.

Sería una buena idea analizar cada una de estas categorías para decidir su conveniencia. Aunque tú tendrás la última palabra, puedes preguntarle a otros padres para hacerte una idea de lo que es lo normal. Esto no significa que tengas que estar de acuerdo, pero *puede* ayudarte a saber lo que ocurre en los demás hogares. También puede ocurrir que encuentres otros padres con tus mismas ideas; así podréis apoyaros los unos a los otros.

Antes de dar el visto bueno a una actividad, es importante que extraigas tanta información como sea posible, lo que supondrá hacer preguntas. La mayor parte de los adolescentes se mostrarán imprecisos, evasivos o poco seguros de qué es exactamente lo que están planificando. Cuando hables con tu hijo, hazle ver que el origen de estas preguntas es que te preocupas por él,

no que desconfías de él. Muestra interés en sus planes, pero mantente firme si no apruebas la actividad.

Dónde. Los adolescentes no suelen pensar en si el lugar a donde van es seguro o no, por lo que se convierte en tu trabajo indagar y determinar este aspecto. Puede haber lugares públicos que sean seguros de día, pero que dejen de serlo por la noche. Además, si tu hijo va a casa de un amigo, deberás determinar si habrá un adulto con ellos, especialmente cuando se trate de adolescentes jóvenes o de una fiesta.

Con quién. Es evidente que querrás saber con quién va a estar tu hijo. Es algo razonable, sobre todo cuando se trata de los adolescentes más jóvenes. Seguramente estés interesado en saber si son «buenos» chicos o si pueden ser peligrosos. Si no los conoces, proponte conocerles, invítalos a casa y pasa cierto tiempo hablando con ellos. Cuando se trate de sus amistades, dale a tu hijo el beneficio de la duda. A menos que tengas una buena razón para prohibirle la compañía de un grupo concreto, deja que sea él quien decida con quién salir.

Cómo. La forma de desplazamiento a menudo suele sufrir cambios de última hora. Intenta dejar bien claro cómo va a ir y cómo va a volver. Hazle preguntas del tipo: «¿Cómo vas ir?», «¿Quieres que te lleve?» (siempre que puedas, ofrécete a llevarle), «¿Va a conducir algún padre?», «¿Les conozco?» o «¿Vas a utilizar el autobús?». Si tu hijo es lo suficientemente mayor, tal vez quiera conducir él o que lo haga un amigo.

Cuánto tiempo. Necesitas saber cuándo se va a ir y cuándo piensa volver. Debe quedar claro que la hora de regreso nunca será más tarde que su hora de llegada de todos los días. Si va a ir a algún lugar público o a casa de un amigo, empieza con una o dos horas. Antes de dejarlo más tiempo, primero debes comprobar que cumplirá este margen inicial de una o dos horas. Si quiere pasar todo el día fuera de casa sin ningún plan concreto, seguramente sea una invitación a problemas.

Actividades. Cuando en el último capítulo decidiste las reglas, especificaste las actividades que aprobabas y las que no. Pues bien, debes acordarte de ellas cuando tu hijo te pida ir a alguna fiesta, actividad o un acontecimiento concreto. Y trata de determinar la intención de tu hijo. No temas hacerle preguntas, ya que seguramente sea la única manera de saber cuáles son sus verdaderas intenciones.

Veamos ahora cómo combinar estos factores cuando estés decidiendo si debes dejar que tu hijo haga algo que desea.

Por ejemplo, si tu hija de 14 años quiere ir con las amigas al centro comercial el sábado por la tarde, podrías preguntarle qué piensa hacer allí: ir a comer algo, comprar o ver una película.

Asegúrate de saber cómo va y viene. Y deja claro el tiempo máximo que puede estar. Como siempre, ten un plan de reserva que le permita ponerse en contacto contigo en el caso de que se produzca un cambio o necesite tu ayuda.

Puede pasar que tu hijo de 15 años te diga que tiene que ir a una fiesta en casa de un amigo el fin de semana que viene. Tu primera pregunta debería estar encaminada a saber si sus padres van a estar en casa. Da por sentado que la respuesta será la típica: «¡Claro que van a estar!». Tu hijo sabe que quieres oír una respuesta afirmativa aunque no tenga ni idea de si sus padres estarán en casa o no. Para asegurarte, dile que piensas llamar a los padres para que te lo confirmen y hazlo. Puede que hasta los padres desconozcan la idea de una fiesta en su casa.

Aunque haya algunos padres que piensan que es bueno que sus hijos vayan a fiestas sin presencia de adultos porque lo consideran como una preparación para cuando sean independientes, no tienes que estar de acuerdo con esta opinión. No importa lo mucho que confíes en tu hijo porque sin un adulto de por medio puede ocurrir cualquier cosa. Jóvenes con malas intenciones se pueden colar en la fiesta. Por ejemplo, en una fiesta reciente en mi barrio, que normalmente es muy seguro, hubo un grupo de chicos de un

barrio cercano que se colaron, provocaron una pelea y un joven terminó con heridas graves.

Dados los posibles cambios y combinaciones de los cinco factores que acabamos de tratar, sería conveniente que analizaras individualmente cada una de las situaciones y que obtuvieras todos los detalles posibles antes de dar el visto bueno.

Ganar puntos

Casi todos los adolescentes se sienten muy motivados por la oportunidad de ganar puntos.

Los puntos se pueden utilizar como créditos para compras o actividades futuras o para cambiarse por dinero. Después de todo, ¿qué adolescente no tiene un interminable surtido de cosas que *ha* de tener, acontecimientos a los que *debe* ir o elementos sin los que *no puede* vivir? Algunas familias utilizan un sistema de créditos y dinero. Otras se centran sólo en los créditos. Si tu familia no se puede permitir ofrecer estas recompensas económicas o, simplemente, no quiere incluirlas en el contrato, deberías establecer un sistema en el que tu hijo pueda cambiar los puntos por créditos para actividades que desee realizar.

Por regla general, las familias con las que trabajo y que ya les dan una paga semanal a sus hijos, siguen haciéndolo como algo independiente del contrato. Como parte del mismo, le dan a sus hijos la oportunidad de ganar puntos para luego cambiarlos por créditos o dinero.

El valor de cada punto es cosa tuya. Para decidir lo que vale un punto, debes tener en cuenta la edad de tu hijo, el número de puntos que le gustaría ganar y lo que va a hacer para conseguir puntos. Muchas de estas familias han elegido valores dispares unos de otros, desde 5 centavos hasta 25 centavos el punto. De nuevo, tú decides. Te recomendaría que decidieras el valor de cada punto una vez que hayas realizado el borrador del contrato y tengas ya una idea del número de posibles puntos que puede ganar cada día tu hijo. Por sentido común, lo mejor es que cuanto mayor sea el número de puntos que tu hijo pueda obtener, menor sea el valor de cada punto.

- **A los adolescentes más jóvenes les convienen los créditos.** Si tus hijos son adolescentes jóvenes, lo mejor sería que no cambiaras puntos por dinero, ya que posiblemente lo gasten mucho antes de haber ahorrado lo suficiente para poder comprar lo que quieren. Si este es el caso de tu hijo, podrías permitir que cambie alguno de los puntos por dinero y que el resto lo cambie por créditos con vistas a una futura compra. Debe quedar claro que tu hijo es libre de modificar el destino de sus ahorros, hecho que seguramente sucederá con frecuencia. Mediante un sistema de puntos basado en créditos, los adolescentes, especialmente los más jóvenes, están motivados para organizarse y ahorrar dinero, en lugar de gastárselo todo nada más recibirlo.
- **Los adolescentes mayores prefieren el dinero.** Cuando los adolescentes son más responsables con el dinero, pueden ganarlo como recompensa directa. Parece lógico pensar que ya han adquirido cierta capacidad para ahorrar. Es posible que veas que tu hijo rechaza comprarse algo, especialmente de forma impulsiva. Considéralo una experiencia del aprendizaje. Sin embargo, si tu hijo *siempre* se gasta todo el dinero en compras de las que luego se arrepiente, tal vez podrías empezar el contrato utilizando créditos durante los primeros meses (así le haces pensar en el futuro), para luego ir gradualmente introduciendo dinero real.
- **Los puntos se pueden acumular diariamente y gastarse durante el fin de semana.** Los puntos se pueden utilizar semanalmente para comprar ropa, música, juegos o material de deporte. Otra posibilidad es guardarlos y utilizarlos después para comprar entradas de conciertos, una prenda muy deseada (por ejemplo, un vestido de fin de año o unos zapatos especiales) o un videojuego. Tu hijo también

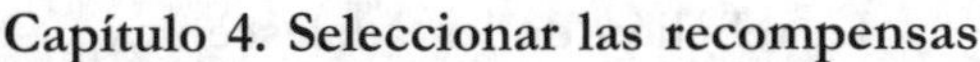

puede querer ahorrar dinero para comprarse su propio teléfono y pagar los costes de instalación y la factura mensual. La acumulación de puntos también puede estar destinada a actividades tales como ir al cine, salir a comer fuera de casa o acudir a una prueba deportiva especial.

- **Algunas familias doblan el valor de los puntos por realizar una actividad adicional.** Cada familia crea su propia fórmula para determinar quién paga qué. Hay padres que doblan el valor de los puntos obtenidos por su hijo cuando se trata de gastos concretos, especialmente si son altos, como es el caso del seguro del coche o la motocicleta, un ordenador o un teléfono. Esta práctica puede ayudarle a que gane algo de forma más rápida y que así conozca la relación entre cumplir las reglas y ser recompensado. Nuevamente, esto dependerá de si tú lo apruebas o no.

- **Los puntos se deben ganar antes de poder gastarlos.** Cuando utilices los puntos como recompensas, asegúrate de que tu hijo haya realizado un esfuerzo para conseguirlos. No prestes por adelantado créditos o dinero para una compra cara. Debes esperar a que se ganen los puntos suficientes para cubrir todos gastos. Un aspecto muy positivo de incluir dinero o créditos como recompensa es que te ofrece la oportunidad de continuas conversaciones sobre en qué desea tu hijo gastarse el dinero, lo que supone una gran preparación para el futuro.

- **Las notas no se deben recompensar con puntos.** No importa lo buen o mal estudiante que tu hijo sea, no es una buena idea ofrecer puntos por ningún tipo de examen. Por ejemplo, no utilices un sistema en el que tu hijo pueda ganar 10 dólares por cada sobresaliente que saque. La mayoría de las familias que prueban este sistema tienen la esperanza de que servirá de motivación para que sus hijos se esfuercen más, pero hay que tener en cuenta que hay jóvenes que no

tienen la capacidad necesaria para sacar estas notas. El sistema puede ser contraproducente, ya que puede desmotivar al estudiante al darse cuenta de que las metas impuestas son inalcanzables para él. Para la mayoría de los estudiantes, es mucho más eficaz premiar la realización de pequeñas cantidades de trabajo y la tarea terminada que recompensar las notas, que son el producto final de una serie de comportamientos.

Existe otra razón para no usar los puntos con las notas. Ésta es que el instituto es mucho más riguroso que el colegio, y un estudiante de sobresalientes en el colegio se puede encontrar que en el instituto saca sólo notables, a pesar de que se esfuerza como nunca. Nuevamente, aunque las notas representan el producto final de una serie de comportamientos, en la mayoría de los casos, tu contrato debería recompensar el proceso de estudio, no el resultado.

- **Los puntos deben ajustarse a la realidad económica.** Sean cuales sean las recompensas que elijas, asegúrate de que no suponen una losa para tu bolsillo. Si no te puedes permitir ciertos incentivos, te molestará darlos y enviarás, por tanto, un mensaje confuso a tu hijo. Cuando hables con él, sé realista sobre lo que es posible y lo que no dentro de las actividades y el dinero extra.

Seleccionar un sistema de recompensas

Una vez elegidas las reglas y las recompensas que estás dispuesto a incluir en el contrato, llega el momento de decidir qué incentivos deseas utilizar cuando tu hijo cumpla las reglas educativas, las familiares y las de seguridad personal.

Para ayudarte en esta tarea, consulta a continuación la hoja de trabajo *Sistema de recompensas del contrato* (página 58) . Encontrarás otra copia en el apéndice A.

Recompensas por cumplir las reglas educativas y de seguridad personal

Como madre y como psicóloga, creo que estas reglas *se deben cumplir.*

Ofrecer como recompensas actividades muy deseadas. Con el fin de motivar en tu hijo el cumplimiento de estas reglas, te recomiendo que ofrezcas como recompensas actividades, para después del colegio o para los fines de semana, que sean muy deseadas por tu hijo. También te animo a que le exijas que cumpla todas estas reglas, ya que será la *única manera* de que pueda realizar estas actividades concretas. Si tu hijo cumple las reglas, está actuando de manera responsable. Esta demostración de responsabilidad le debería proporcionar el derecho de continuar disfrutando de los privilegios de salir y pasarlo bien. Debe existir una correlación directa en este sentido. Sólo puede salir y hacer cosas que le gustan si demuestra que puede cumplir todas estas reglas.

Con el tiempo, si es capaz de mantener este nivel de responsabilidad, conseguirá más independencia para realizar ciertas actividades. Por otra parte, si no cumple estas reglas, no logrará ningún privilegio e, incluso, tendrá que afrontar consecuencias disciplinarias como, por ejemplo, un recorte de la hora de llegar a casa o un día o dos de castigo.

Nuestra sugerencia

Copiar: **Haz una copia de la hoja *Sistema de recompensas del contrato* que encontrarás en el apéndice A.**

Rellenar: **Cuando revises las siguientes reglas para la creación de un sistema de recompensas, escribe las que tienes pensadas por cumplir las normas.**

Guardar: **Necesitarás esta hoja cuando vayas a crear el contrato.**

Sistema de recompensas del contrato

Instrucciones: Señala junto a cada regla del contrato el tipo o número de recompensas que se pueden ganar.

Cumplir las reglas educativas y de seguridad personal

= __ actividades diarias

= __ actividades de fin de semana

Estas actividades las elegiréis tú y tu hijo semanalmente.

Bonus por los deberes

Hacer las tareas durante __ minutos = __ minutos de tiempo libre o __ puntos.

Terminar las tareas = acostarse __minutos más tarde o__ puntos.

Evitar las prisas de última hora = __ puntos.

Cumplir las reglas familiares

Levantarse temprano por la mañana = __ punto(s).

Ordenar la habitación antes de las __ de la tarde = __ punto(s).

Colaborar en casa = __ punto(s) por cada tarea.

No discutir con los padres por la mañana, por la tarde, a la hora de la cena y por la noche = __ punto(s) por cada periodo de tiempo.

No discutir con los hermanos por la mañana, por la tarde, a la hora de la cena y por la noche = __ punto(s) por cada periodo de tiempo.

Cumplir las obligaciones = __ punto(s) por cada una.

Portarse bien en las comidas = __ punto(s).

Ir a la cama a la hora establecida = __ punto(s)

Otras reglas

______________ =__ punto(s).

______________ =__ punto(s).

Cada punto =__céntimos.

=__crédito(s) para una actividad.

=__crédito(s) para una compra.

Tú y tu hijo decidiréis juntos las actividades y las compras que se pueden ganar con los puntos. También negociaréis los puntos o créditos necesarios para cada actividad o compra.

Si tu hijo tiene un pequeño desliz durante la semana, como llegar 5 minutos tarde al colegio o regresar a casa 10 minutos tarde, simplemente adviérteselo y deja que disfrute de sus actividades. Sin embargo, si estos deslices se convierten en una costumbre, te recomiendo que restrinjas las actividades. En el siguiente capítulo veremos más detalladamente cómo tratar los deslices y el no cumplimiento de las normas.

Decide un número no excesivo de actividades de fines de semana y días de diario. No existen reglas concretas para esto, pero te aconsejo no cargar a tu hijo o a ti mismo con demasiadas actividades. Puede haber ciertas actividades que tengan una planificación semanal obligatoria ya establecida, como los equipos de fútbol del colegio, en cuyo caso estarás obligado a un número determinado por semana. Por otra parte, otras actividades, principalmente las de los fines de semana, pueden no tener horas preestablecidas, por lo que puedes ser un poco más flexible para poner los límites. Permitir dos actividades no obligatorias los fines de semana, una por la mañana y otra por la tarde, debería bastar para los adolescentes más jóvenes. A medida que se vaya haciendo mayor y demuestre que se puede responsabilizar de más actividades, puedes ya aumentar esos límites.

Piensa en ofrecer algún bonus por los deberes. También puedes ofrecer un bonus como incentivo para que tu hijo haga todos los deberes y se planifique bien. Por ejemplo, en adolescentes que tengan dificultades para sentarse a estudiar durante mucho tiempo seguido, puedes considerar la idea de ofrecerle un incentivo por trabajar durante cortos períodos de tiempo (de 15 a 30 minutos). Este período se debe ajustar tanto a la capacidad de concentración de tu hijo como a la cantidad de trabajo que tenga. Por ejemplo, por cada 30 minutos de trabajo terminado, le puedes recompensar con 15 minutos de tiempo libre. Si ves que tiene mucho trabajo y eso lo haría ganar demasiado tiempo libre, podrías cambiarlo por créditos para una futura compra. Terminar las tareas puede suponerle una demora de 30 minutos a la hora de acostarse (una buena recompensa para los hijos que tengan establecida una determinada hora) o puntos para compras o actividades. Una buena planificación y terminar

las tareas sin prisas de última hora también pueden equivaler a puntos, ya sea al final de cada de día o de cada semana (tal vez 2 puntos por día o 10 puntos por semana). Nuevamente, estos puntos se pueden guardar como créditos para una recompensa mensual o semanal.

Recompensas por cumplir las reglas familiares

Ahora que ya tienes cierta idea de cómo recompensar el cumplimiento de las normas educativas y de seguridad personal, centremos nuestra atención en las reglas familiares. Como recordarás, en el último capítulo elegiste las normas para tu contrato. Este es el momento de decidir cómo quieres recompensar a tu hijo por cumplir todas esas reglas.

Utiliza puntos como recompensas para este tipo de reglas. Muchos padres premian a sus hijos con puntos por cumplir las normas familiares. Como ya hemos visto antes, los puntos suponen un sistema de recompensas flexible, ya que se pueden cambiar por dinero, créditos o se pueden utilizar para comprar ciertas actividades. Cada familia decide cuántos puntos vale cada regla. Sin embargo, la forma más sencilla es otorgar un punto por cada norma cumplida, a menos que se trate de una especialmente difícil. Cuanto más difícil de cumplir sea la regla, más puntos valdrá. Por ejemplo, si a tu hijo le resulta complicado llevarse bien con los miembros de la familia, puedes ofrecerle un punto por ser educado por la mañana, otro por hacerlo por la tarde y así sucesivamente. Además, puedes dividir este aspecto en dos categorías: una especialmente diseñada para el comportamiento con los padres y otra con los hermanos. Cada tarea doméstica que haga tu hijo puede hacerle obtener un punto, como ocurre cuando cumple con sus obligaciones y responsabilidades. Levantarse con tiempo y acostarse a su hora podrían también valer un punto.

Si tu hijo es mayor y autosuficiente, tal vez no sea necesario recompensarle con un punto por cada regla que haya cumplido. En su lugar, podrías ofrecerle una recompensa semanal por una buena semana, como podría ser dinero

extra, una oportunidad adicional de conducir el coche u otro privilegio que sea de su gusto.

Determina el valor de los puntos en créditos y/o dinero. El siguiente paso es decidir cuánto vale cada punto. Si le asignas un valor monetario, no debe ser tan alto que te obligue a tener dos trabajos para poder financiarlo. Después de todo, uno de los objetivos es pasar más tiempo positivo con tu hijo, no menos. Mientras que 50 centavos por punto para un hijo capacitado para ganar muchos puede llevarte a la bancarrota, 5 o 10 centavos por punto puede entrar dentro de tu presupuesto. Por ejemplo, a 5 centavos el punto, si tu hijo consigue una media de 10 puntos diarios, eso significa 50 centavos al día y 2,50 dólares por semana. Si es un fuera de serie y obtiene de 15 a 20 puntos por día, puede llegar a ganar más. Si vas a utilizar dinero, debes analizar la relación entre la cantidad que motivará a tu hijo y cuánto se puede permitir la economía familiar.

Como sabes, también puedes utilizar puntos que se pueden cambiar por créditos para una compra especial o una actividad futura. Puedes concebir un sistema en el que ganar una media de 10 puntos por día (50 puntos a la semana) suponga una actividad para el fin de semana y cualquier punto adicional conseguido se pueda guardar como crédito para compras que tu hijo desee hacer más adelante. Por ejemplo, podrías sugerir que tu hija invite a una amiga a casa a comer o a ver una película o que tu hijo invite a un amigo a jugar al ordenador.

El valor de los créditos dependerá de ti y del tipo de cosas que tu hijo quiera comprar. Cuando pongas en práctica el contrato, sugiere compras con precios bajos, de forma que tu hijo sólo necesite los créditos de una semana o dos para realizarlas.

Para un adolescente que esté acostumbrado a gratificaciones continuas (como sabrás, la mayoría de los adolescentes prefieren tener las cosas al instante), esperar un mes o dos para poder gastar los créditos es demasiado tiempo. Tu hijo perderá la motivación a menos que reciba recompensas tangibles de forma periódica.

Incluir recompensas exclusivas para ti

Tu contrato funcionará mejor si todos, incluido tú, tenéis recompensas. Hacer algo divertido, aunque no sea nada especial, puede servir también de recompensa diaria o de fin de semana. Además de estos premios, busca amigos que te apoyen y une todas tus fuerzas con tu pareja. Habla y comparte tus frustraciones y preocupaciones con gente que respetes y en la que confíes. Si haces todo esto, estarás más disponible para tu hijo y serás más comprensible y flexible.

No te dejes llevar por el entusiasmo asignándote recompensas que impliquen estar todo el fin de semana fuera de casa sin que nadie se haga cargo de tu hijo. Aunque tengas el hijo más responsable del mundo, hay miles de cosas que se pueden torcer si un adolescente se queda solo en casa un fin de semana.

Para ayudarte a elegir tus propias recompensas, te ofrezco la *Lista de control de recompensas paternas*, que incluye recompensas sencillas de las que pueden disfrutar los padres.

No importa lo hermético que sea tu contrato ni lo fantásticos que sean los incentivos, es seguro que tarde o temprano, tu hijo cometerá un desliz. Cuando esto ocurra, deberás tener preparada una respuesta justa y razonable. El siguiente capítulo trata de las técnicas disciplinarias que puedes utilizar cuando tu hijo no cumpla las reglas del contrato.

Nuestra sugerencia

Copiar: **Haz una copia de la *Lista de control de recompensas paternas* que encontrarás en el apéndice A.**

Rellenar: **Señala las recompensas que te gustaría recibir y añade cualquier otra.**

Guardar: **Pon la lista completa en un lugar seguro y accesible, de forma que te recuerde que tú también tienes tus propias recompensas.**

Lista de control de recompensas paternas

Instrucciones: La siguiente lista incluye recompensas de las que los padres pueden disfrutar. Señala las actividades y cosas que te gustarían como recompensas. Añade cualquier otra de la que te acuerdes.

Recompensas diarias

- ☐ Dar un paseo, hacer ejercicio.
- ☐ Ver la televisión, escribir una carta, hablar con un amigo o escuchar música.
- ☐ Leer un libro, leer el periódico, ver una revista.
- ☐ Utilizar el ordenador, aprender algo nuevo.
- ☐ Cocinar, coser, cuidar las flores.
- ☐ Estudiar mejoras en la casa o en el coche.
- ☐ No hacer nada durante un rato.
- ☐ Otro.

Recompensas semanales

- ☐ Intentar «desconectar» durante unas horas, ir a algún sitio, hacer algo.
- ☐ Salir a cenar, ir al cine, ir de compras.
- ☐ Hacer deporte, dar un largo paseo.
- ☐ Hacer algo divertido o no hacer nada.
- ☐ Otro.

5

Decidir las técnicas disciplinarias

Las técnicas de disciplina son mucho más efectivas si se utilizan junto con un contrato que proporcione los incentivos necesarios para que un adolescente cumpla las reglas. A lo largo de los cuatro primeros capítulos, has podido aprender a elegir las reglas y las recompensas que te ayudaran a decidir estas técnicas. Si aún no has leído las primeras páginas del libro, te aconsejo sinceramente que vayas al capítulo 1 y comiences desde el principio, ya que el contrato sólo tiene sentido si se aplica completo; su utilidad disminuye si únicamente se ponen en práctica ciertas partes del mismo.

Es obvio que cada adolescente es distinto, pero unas mínimas estructuras y unos ciertos límites son igualmente válidos para todos ellos. Cuando decidas qué comportamientos son los que debes corregir, tómate tu tiempo y selecciona las batallas con mucho cuidado, elige un número limitado de contestaciones negativas absolutas, comunícale claramente a tu hijo lo que vas a tolerar y lo que no y establece unas consecuencias apropiadas y concreta para cada infracción.

En este sentido, ya has dado un gran paso adelante al desarrollar un sistema de recompensas que ofrezca a tu hijo incentivos por cumplir las reglas familiares, las educativas y las de seguridad personal. Este sistema aleja los

comportamientos problemáticos recompensando los que no lo son. Por ejemplo, el hecho de premiar a tu hijo por llegar puntual a casa no quiere decir que le incites a llegar tarde. Recompensar por llevarse bien con la familia tampoco fomenta la falta de respeto ni el comportamiento grosero. Sin embargo, ofrecerle incentivos por estudiar y terminar las tareas sí que le anima a hacerlas. Planea utilizar tu sistema de recompensas junto con las siguientes técnicas disciplinarias. *No dejes a un lado las recompensas*, pase lo que pase.

Nuestra sugerencia

Copiar: **Haz una copia de la *Hoja de trabajo de disciplina del contrato* que encontrarás en el apéndice A.**

Rellenar: **A medida que te vayas familiarizando con las técnicas disciplinarias que se detallan a continuación, rellena la hoja de trabajo incluyendo aquellas técnicas que piensas que mejor se pueden adaptar al modo de vida y características de tu familia.**

Guardar: **Guarda la hoja de trabajo. La necesitarás cuando hables con tu hijo de su contrato.**

Técnicas disciplinarias

Como no siempre se eliminan los malos comportamientos al recompensar los buenos, te indico una serie de técnicas disciplinarias que te recomendaría incluir como parte del contrato. Utiliza la *Hoja de trabajo de disciplina del contrato* para combinar las técnicas que leerás más adelante en un plan de acción. Encontrarás otra copia en el apéndice A.

Por regla general, utiliza la técnica de la indiferencia, las advertencias y la eliminación de alguna recompensa como primeras líneas de tu defensa. Sólo cuando estas técnicas se muestren poco eficaces, deberías considerar la supresión de privilegios, adelantar la hora de llegada a casa o recurrir a los castigos más duros.

Hoja de trabajo de disciplina del contrato

Instrucciones: Señala todas las reglas que consideres que tu hijo no será capaz de cumplir. Anota las técnicas disciplinarias que tienes pensado utilizar. Recuerda que, siempre que sea posible, debes emplear la técnica de no hacer caso, las advertencias y la retención de una recompensa antes de recurrir a medidas más severas como la prohibición de una actividad, la restricción de la hora de llegada o el propio castigo.

No cumplir las reglas de seguridad personal

- ☐ No avisar de los planes con antelación
- ☐ No llamar al llegar a casa del colegio
- ☐ No dedicarse a las actividades acordadas
- ☐ No cumplir otras reglas

No cumplir las reglas educativas

- ☐ No ser puntual
- ☐ No acudir a todas las clases
- ☐ No portarse bien
- ☐ No hacer las tareas a tiempo
- ☐ No aprobar los exámenes
- ☐ No cumplir otras reglas

No cumplir las reglas familiares

- ☐ No estar preparado por la mañana
- ☐ No ordenar la habitación
- ☐ No ayudar en casa
- ☐ No llevarse bien con los padres
- ☐ No llevarse bien con los hermanos
- ☐ No cumplir con las obligaciones
- ☐ No comportarse durante las comidas
- ☐ No acostarse a la hora establecida
- ☐ No cumplir otras reglas

Ignorar

- **Ignorar las palabras hirientes desanima su uso.** Como ya sabes, te recomiendo que ignores las palabras hirientes de tu hijo para así desanimarle a que las vuelva a utilizar. Cuando te diga que no le comprendes porque eres un necio, en lugar de pedirle una disculpa que nunca llegará, dile que vas a ignorarle hasta que no te hable de forma positiva y civilizada. Si ves que tienes que marcharte de la habitación, hazlo.
- **Ignorar también funciona bien con los típicos comportamientos irritantes.** Trata de ignorar la música que tu hijo escucha, la ropa que se pone, el vocabulario que utiliza y las opiniones que tiene sobre cosas que desconoce por completo. La crítica en estos casos sólo sirve para que lo haga más veces.
- **Ignorar a tu hijo significa no hablarle, no mirarle de forma despectiva y no utilizar el lenguaje corporal para mostrar tu desacuerdo.** Como ignorar no resulta fácil en muchas circunstancias en las que el comportamiento que intentas no ver es demasiado obvio, puedes salir de la habitación o decirle a tu hijo que se vaya a la suya. Separar unas cosas de otras, puede facilitarte la puesta en práctica de esta técnica.

Cuando los Ramírez decidieron dejar de controlar los gustos de sus hijas en lo referente a música, ropa y color del pelo y hacer caso omiso, todos los miembros de la familia obtuvieron una nueva libertad. Los padres, Juan y Rosa, ya no tenían que hacer las veces de inspectores antes de que sus hijas Rachel y María, de 12 y 15 años respectivamente, se marcharan al colegio. De buena gana, dejaron de controlar la música que escuchaban sus hijas y hasta eran capaces de no hacer comentarios sobre los cambios diarios en el color de pelo de su hija María. Las chicas estaban extasiadas. Ya no tenían que enfrentarse a las constantes inquisiciones sobre su forma de vestir. Rachel y María ya no estaban a la defensiva.

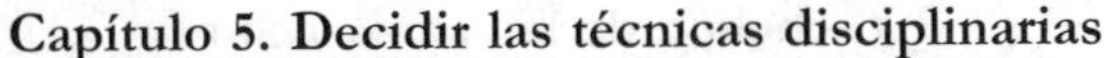

Liberadas de la necesidad de justificarse, la interacción de las chicas con sus padres se había vuelto mucho más positiva. Además, cuando sus padres mostraban curiosidad por las últimas modas, ya no había ningún tipo de censura sino un intercambio de ideas sobre los *piercings*, los tatuajes y cualquier otro tema que surgiera. Al no gastar energías en criticar las preferencias personales de cada uno, toda la familia contaba con la fuerza suficiente para centrarse en cosas más importantes.

- **Ignorar también puede ser un buen método para que tu hijo reduzca sus lloriqueos, quejas y peticiones.** Por ejemplo, si tras haberle dicho a tu hijo que no puede ir a un partido de fútbol porque no terminó a tiempo las tareas, sigue rogándote y suplicándote que le dejes ir, puedes decirle que le vas a ignorar hasta que no pare de lloriquear. También puedes dejarle solo en la habitación. En lugar de estar intentando razonar con él una y otra vez, afiánzate en tu posición e ignórale hasta que se comporte de forma más madura.
- **Ignora las discusiones a menos que exista abuso verbal o físico.** Mantente al margen de las discusiones de tus hijos, ya sean con los hermanos o con los amigos. Te recomiendo que ignores estas riñas porque así fuerzas a que sean ellos quienes tengan que llegar a una solución por sí mismos. Sin embargo, si ves que empiezan a descontrolarse y, sobre todo, si el contacto físico parece inminente, adviérteles tranquilamente que deberían dejarlo.

Las advertencias

- **Dar un aviso puede resultar eficaz cuando se trate de una primera falta o de una falta leve.** Independientemente del tipo de regla, un aviso sirve para advertir a tu hijo de que así va por mal camino. Por ejemplo, si tu hijo una mañana llega tarde al colegio o se le olvida hacer las tareas de clase, recuérdale que si tiene otro desliz más perderá el privilegio que le corresponde por cumplir las normas educativas como, por ejemplo, participar en actividades extraescolares.

Si tu hija llega 15 minutos tarde del colegio y se le olvida llamarte, adviértele que si continúa así, la hora de llegada será más temprano. Si tus hijos están a punto de provocar una riña, diles que paren inmediatamente o perderán los privilegios derivados de una buena actitud con los demás miembros de la familia.

- **Utiliza las advertencias como recordatorios.** También puedes utilizar las advertencias para recordarle a tu hijo algo que le pediste que hiciera. Por ejemplo, si le has pedido que saque las cosas del lavavajillas pero no lo ha hecho, adviértele que si no lo hace ahora mismo perderá el incentivo que podría ganar. Las advertencias no deben ser amenazas de consecuencias terribles; dichas con calma, deberían ser peticiones concretas para que tu hijo dejara de hacer una cosa o se pusiera a hacer otra.
- **Dar un aviso puede ayudar a que tu hijo se detenga y analice lo que está haciendo.** Le estás ofreciendo una práctica para que controle su propio comportamiento. Con el tiempo y la experiencia suficiente, son muchas las esperanzas de que sea él quien cree su propia señal para detenerse, analizar su comportamiento y corregirlo.

Perder privilegios

- **Elimina actividades o puntos que hubiera conseguido por cumplir las reglas.** Si una advertencia no basta para solucionar el comportamiento de tu hijo, deberías privarle de una actividad de su agrado o de un número de puntos que hubiera obtenido por el cumplimiento de las normas. Por ejemplo, si tu hijo no termina los deberes, perderá el privilegio de utilizar su tiempo libre para quedarse más tiempo levantado por la noche; si no puede levantarse con tiempo suficiente para llegar puntual a clase, pierde el privilegio de realizar actividades después del colegio; si es incapaz de llevarse bien con su hermano pequeño durante unos minutos al cabo del día, puede perder el privilegio de tiempo libre adicional o la oportunidad de ganar puntos extra.

Cuando los Hubbard acudieron a mí, estaban desesperados. Su hija Katie de 15 años estaba continuamente hablando por teléfono. Aunque siempre prometía que iba a colgar en «un minuto», los minutos se convertían en horas. Gwen, la madre de Katie, estaba harta de pedirle que colgara el teléfono. Trabajando juntos, creamos un plan en el que sólo se le permitía hablar por teléfono una vez terminados todos los deberes. Si la llamaban, tenía sólo un minuto para decirle a su amiga que ella la llamaría después. Aunque Katie prefería hablar por teléfono que estudiar, sabía que si no hacía los deberes, no podría llamar por teléfono. Además, si no cumplía esta regla, le quitarían el teléfono de su habitación y no podría llamar durante tres días. El no querer que le quitaran el teléfono motivó a Katie para terminar todos sus deberes.

- **Retrasa la oportunidad de disfrutar una recompensa.** Si tu hijo ha tenido un día o una semana nefasta en lo referente al cumplimiento de las reglas familiares, no le permitas cambiar los puntos por dinero al final de ese día o de esa semana. No perderá esos puntos, pero es conveniente que no le dejes gastarlos hasta que no demuestre un mejor comportamiento.

Recortar la hora de llegada

- **Si perder privilegios, incluidos los puntos y las actividades, no han servido para cambiar el comportamiento de tu hijo, recórtale la hora de llegada.** Si tu hijo sólo llega media hora tarde, multiplica por dos el número de minutos tarde y réstaselos a su hora de llegada. Por ejemplo, si la hora de llegada de tu hijo para los días de diario son las 9 de la noche, y llega a las 9:30, su hora pasaría a ser las 8 de la tarde para el resto de la semana. Si vuelve a retrasarse, multiplica por cuatro los minutos y réstaselos a su hora, lo que haría que su hora de llegada fueran las 7 de la tarde. Si aún así llega tarde, deberías considerar castigarle sin salir una noche, por lo menos.

Castigos

- **El castigo limita enormemente los privilegios.** Hay ocasiones en las que es necesario imponer una restricción, como el no dejarle salir de casa, que limite de forma importante los privilegios, especialmente cuando no se cumplan las reglas educativas o de seguridad personal. Los castigos de la mayoría de los padres son prohibir usar el teléfono, jugar al ordenador o ver la televisión. Y, por supuesto, nada de visitas de amigos. ¿Hay algo peor que estar encerrado en casa durante el fin de semana? Seguramente, pero los adolescentes no pueden pensar en nada peor.

- **Utiliza los castigos durante cortos períodos de tiempo.** Los castigos funcionan mejor si se usan de forma ocasional y por poco tiempo. Hay muchos padres que recurren a largos castigos como no dejar salir a su hijo durante un par de semanas. En estas circunstancias, es probable que los adolescentes se vuelvan más odiosos. En consecuencia, muchos padres les levantan el castigo porque no pueden soportar más a sus hijos. Esto hace que el adolescente observe que con un mal comportamiento *puede* conseguir lo que quiere: salir de casa.

- **Utiliza los castigos de forma selectiva.** Los castigos se deben reservar para situaciones graves, sobre todo, las que impliquen infracciones de las reglas educativas o de seguridad personal. Si se utilizan demasiado pierden su eficacia. Es fácil acostumbrase a recurrir continuamente a los castigos como técnica disciplinaria. Este fue el caso de la familia Mitchell.

Cuando Doris y Ralph Mitchell acudieron a mí, se sentían confusos con el tema de los castigos. Estaban constantemente discutiendo por la pregunta «¿Castigar o no castigar?». Como agravante de la situación, Doris admitía que no le gustaban los castigos, mientras que a su marido Ralph le ocurría todo lo contrario. Ni que decir tiene que su hijo Jake, de 16

años, había aprendido perfectamente a aprovecharse de esta situación. Por ejemplo, recientemente su padre le castigó un mes por olvidarse de cuidar el jardín a pesar de haberlo prometido. Jake fue corriendo a su madre para explicar lo injusto que era el castigo. Doris aceptó ante su hijo que el padre había reaccionado de forma excesiva y le dejó salir esa noche. Cuando Ralph descubrió que su hijo finalmente había salido, le dio un ataque, criticó a su mujer y esperó despierto a que volviera Jake para imponerle un castigo aún peor. Como Jake sabía que su padre iba a estar esperándole, llamó a Doris para decirle que se quedaba en casa de un amigo a dormir, con la esperanza de que su padre estuviera más tranquilo por la mañana.

Cuando me reuní con los tres, propuse desarrollar un contrato que ofreciera incentivos por cumplir las normas y consecuencias negativas, como castigos, por deslices importantes. Cuando Jake oyó hablar de recompensas, se le iluminó la cara. Después de todo, este contrato no iba a ser una mala idea. Además de los aspectos positivos, como ganar créditos por cumplir todas las reglas, definimos los deslices lo suficientemente graves como para estar castigado sin salir una noche de fin de semana, como llegar más de media hora tarde. Antes de recurrir al castigo, Doris y Ralph se debían poner de acuerdo sobre cuáles eran las circunstancias que requerían tal castigo. Como era de esperar, Jake aprobó los términos del contrato. Cuando llegó 45 minutos tarde, estaba seguro de que su madre entendería que no se dio cuenta de la hora que era por lo bien que se lo estaba pasando. Rompiendo la costumbre, Doris no aceptó la excusa. Ella y su marido le dijeron a su hijo que no había cumplido las normas del contrato y que, por lo tanto, estaba castigado al día siguiente sin salir. Cuando Jake se dio cuenta de que el contrato iba en serio, empezó a comportarse mucho mejor. No es que simplemente intentara evitar los castigos sino que, además, quería ganar incentivos. Como premio adicional, Jake y su padre ya no se pasaban el día discutiendo, lo que significaba que los padres de Jake habían dejado de contradecirse el uno al otro.

Si estás con frecuencia en la tesitura de si debes o no castigar a tu hijo, ten presente el proverbio inglés «es más fácil cazar moscas con miel que con vinagre». Piensa en la situación desde un punto de vista positivo. ¿Puedes hacer algo por fomentar el buen comportamiento y hacer menos necesarios los castigos? ¡Claro que la respuesta es sí! De hecho, si sigues leyendo el libro, ya lo estás haciendo: estás desarrollando un contrato que ofrezca incentivos positivos por cumplir las normas.

La inclusión de estas técnicas disciplinarias en el contrato supondrá que tu hijo vea la relación entre su comportamiento (incumplir las reglas) y las consecuencias (perder un privilegio).

Cuando esta conexión quede arraigada, tu hijo empezará a interiorizar la relación. Con el tiempo, aunque tenga la tentación de llegar tarde, se lo pensará dos veces porque sabe que perderá un privilegio por hacerlo y que, además, puede ser castigado. Aunque dormir es un placer, tu hija se acordará de poner el despertador y llegar puntual a clase porque no querrá perder un privilegio, como sería una actividad después del colegio.

Técnicas disciplinarias incorrectas

Veamos ahora las técnicas que sugiero *no* emplear, por su ineficacia y porque suelen empeorar las cosas en lugar de mejorarlas.

Ningún abuso físico o verbal

No importa lo enfadado que estés con tu hijo, evita el contacto físico. No te pelees con tu hijo. No le amenaces con violencia ni abuses de él psíquicamente mediante la intimidación o las reprimendas. Endurecer la actitud suele ser una medida que se usa como último recurso y que suele provenir de padres desesperados por no poder controlar la situación. Aunque estas tácticas parezcan funcionar a corto plazo, te estarás engañando a ti mismo. A largo

plazo, el uso de este tipo de fuerza es contraproducente y provoca más problemas de los que soluciona.

De hecho, muchos problemas se pueden agravar cuando los padres utilizan castigos excesivamente severos. Muchos adolescentes suelen ver esta actitud como una invitación a participar en una lucha por ver quién puede más, lo que deriva en que se esfuercen al máximo en demostrar que pueden ganar a sus padres. La batalla se recrudece, pero es obvio que nadie saldrá ganador. Se hieren sentimientos y el odio se intensifica en ambas partes. Los adolescentes pueden llegar a alejarse más de sus padres e incluso a ser más rebeldes.

Nadie duda de que, como padre, debes establecer consecuencias cuando tu hijo incumpla las reglas del contrato, pero éstas no deben incluir el abuso físico o psíquico. Si ya te has acostumbrado a esta actitud, te recomiendo que obtengas ayuda externa para controlar tus enfados. Además, tú y tu hijo podríais beneficiaros de esa ayuda para que os aconsejen sobre cómo relacionaros sin tener que discutir.

Evita mantener en secreto un segundo período de prueba

Una de las razones por las que funciona un contrato es que las reglas son públicas y no secretas. En la película *Desmadre a la americana* (John Landis, 1978), suspender exámenes y comportarse como un animal les daba a los Deltas un segundo período de prueba, lo que, lógicamente, no funcionaba al ser una regla *secreta* (aún no estoy segura de si hubiera llegado a funcionar de alguna manera con esa pandilla de gamberros). Sin embargo, lo importante es que, siempre que sea posible, tu hijo sepa de antemano las consecuencias por no cumplir las normas. No te puedes adelantar a todas las situaciones, pero hay unas reglas que te pueden servir de ayuda. Tu contrato inicia este proceso. Si tu hijo comete un error, debes decirle lo enfadado que estás y por qué, y que, además, estás pensando en ponerle un castigo justo. No es necesario que tu hijo esté de acuerdo en lo que es y lo que no es justo para ti.

Subsana las situaciones en las que te hayas excedido

No importa lo tranquilo y sosegado que estés normalmente, siempre habrá ocasiones en las que te excedas con tu hijo teniendo en cuenta su ingenuidad y el estrés del día a día. Por tanto, una buena idea es tener un plan para contrarrestar tus deslices cuando te sobrepasas y recurrir a un último intento de controlar lo incontrolable o lo que no es realmente importante. Castigos imposibles y carentes de sentido como eliminar eternamente los privilegios del teléfono, pueden dañar tu autoridad y hacer disminuir tu credibilidad. En la tensión del momento, ¿quién no ha aplicado bruscamente algún castigo espantoso y excesivo? Sé que yo lo he hecho.

Cuando actúas sin reflexionar, tu castigo puede tener más que ver con el humor con que te encuentras que con la infracción o gravedad real del delito. Te va a dar igual que tu hija esté hablando por teléfono, que llegue diez minutos tarde, que se esté metiendo con su hermana, que te conteste a ti o que se haya dejado la mochila en casa de una amiga (¡Estas cosas pasan todos los días!). Cuando te sobrepases, cosa que nos ocurre a todos, necesitas recomponerte, disculparte y esforzarte en llegar a una solución más razonable.

Si te notas muy furioso, a punto de sentenciarle a cadena perpetua, respira hondo y tómate el tiempo que necesites para decidir un castigo adecuado. Puedes decir algo así como: «Ahora estoy demasiado enfadado para poder pensar claramente. Tengo que meditar lo que has hecho y considerar el castigo que te voy a imponer. Hablaremos cuando me haya calmado un poco». Si le das a tu hijo este mensaje, harás que reflexione sobre lo que ha hecho y la razón por la que está mal.

No invadas la privacidad de tu hijo

A menos que tengas sospechas *bien fundadas* de posible daño, actividad ilegal o encarcelación inminente, la aplicación de las reglas disciplinarias *nunca* debe suponer la invasión de la privacidad de tu hijo. En otras palabras, no entres en la habitación de tu hijo. No busques en sus libretas indicios de fechorías, a no ser que su comportamiento te induzca a pensar en ello. No leas el diario de tu hija para saber lo que hace. Habla con ella sobre lo que te preocupa. No la acuses, limítate a comentarle que no estás segura de lo que está pasando. Escucha atentamente lo que te conteste. Si aún así tienes sospechas, habla con su jefe de estudios y considera la idea de recurrir a ayuda profesional para averiguar lo que ocurre. Como comenté antes, cuanto más hables con tu hija sobre asuntos problemáticos, mejor será para ti y para ella.

No intentes aplicar la censura

Nunca es una buena técnica censurar cierta información a tu hijo. Los padres pueden pensar erróneamente que pueden mantener a sus hijos aislados de los problemas y las tentaciones simplemente prohibiendo el acceso a material que contenga sexo, droga, alcohol, violencia, música, etc. Esto *siempre* falla. De hecho, es contraproducente ya que provoca su interés. En lugar de prohibir, muéstrate accesible para hablar con tu hijo de los temas que le interesan. Debe estar a gusto cuando hable contigo, sobre todo cuando tratéis los temas que le preocupan.

Los Robertson acudieron a mí preocupados por si había algún riesgo de que su hijo Jon, de 14 años, se metiera en problemas. Jon era el hijo mayor de este matrimonio que admitía desconocer el mundo de los adolescentes de hoy en día. Casi todos los artículos que habían leído eran alarmistas e indicaban que los adolescentes (un grupo rebelde, problemático e inmoral) estaban destinados al fracaso y a la autodestrucción mediante las drogas y el sexo. Este aluvión de advertencias y peligros habían conseguido que los Robertson supervisaran todos los aspectos del comportamiento de Jon. Irónicamente, como consecuencia de su preocupación, habían dejado de percibir los buenos comportamientos de Jon y sólo se centraban en censurar los peligros a los que se exponía. Sólo se fijaban en lo que consideraban que eran unos posibles indicadores de que Jon se estaba metiendo en líos. ¿Significaba su cuarto desordenado, su falta de comunicación, su vestimenta especial y su gusto musical que despreciaba a su familia y que se relacionaba con la gente menos indicada?

¿Debían buscar en su dormitorio pruebas de que estaba diciendo la verdad cuando afirmaba no estar relacionado con drogas? ¿Podían confiar en él? Miles de preguntas les venían a la cabeza.

Como el comportamiento anterior de Jon no era nada antisocial ni impulsivo, y dado que no mostraba una conducta fuera de lo normal, tuve la impresión de que las sospechas de los padres carecían de fundamento. Sugerí la idea de crear un contrato que reconociera y recompensara los buenos comportamientos de Jon. Tras unas semanas viendo sólo lo positivo, los padres de Jon dejaron de sospechar, censurar y controlar todos sus movimientos. Cuando Jon vio que sus padres se habían vuelto más abiertos y cariñosos, empezó a ser más comunicativo y a mostrar sus preocupaciones. Con el tiempo, ya hablaban abiertamente de casi todo, hasta de su preocupación por el hecho de que algunos de los hermanos mayores de sus compañeros de clase tomaran drogas y practicaran el sexo.

Resumen disciplinario

Aquí te presento un resumen de la estrategia general que muchos padres consideran eficaz para cortar de raíz los problemas y prevenirlos en un futuro.

- No te dejes atrapar en una espiral negativa de castigos. Es importante que pienses detenidamente en las consecuencias de las infracciones, pero con los adolescentes el truco está en ser previsor: primero, prevenir tantos problemas como sea posible y, así, reduces las probabilidades de tener que adoptar medidas correctoras. Como ya sabes, eso es de lo que se trata con la creación del contrato.
- Ignora, da pequeños avisos, elimina privilegios, reduce la hora de llegada y aplica castigos.
- Bajo ningún concepto debes emplear el abuso físico o verbal, los dobles períodos de prueba secretos, la reacción exagerada, la invasión de la privacidad ni la censura.

- **Por no cumplir las reglas educativas**: los incumplimientos leves como la lentitud a la hora de prepararse por la mañana o una mala nota, pueden suponer un aviso de que la repetición de dicho comportamiento acarreará la pérdida de un privilegio, como las actividades de por la tarde. Si se siguen incumpliendo las reglas educativas durante la semana, debes aplicar el castigo y eliminar la actividad.
- **Por no cumplir las reglas de seguridad personal**: nuevamente, por un primer fallo o una falta leve, como llegar 5 o 10 minutos tarde a casa, puedes advertirle. Si se producen más posteriormente, recórtale la hora de llegada. Por ejemplo, un retraso de 15 minutos puede suponer un recorte de media hora. Una continua impuntualidad puede traer consigo no poder salir de casa una tarde.
- **Por no cumplir las reglas familiares**: un aviso puede servir para recordarle a tu hijo que no se está cumpliendo una regla. Si tu aviso no sirve de nada, aplica las consecuencias, como no recompensarle con puntos o restringirle actividades de tiempo libre, como irse más tarde a la cama, hablar por teléfono, jugar a videojuegos o ver la televisión. Si tu hijo ha tenido un mal día o una mala semana en lo que se refiere al cumplimiento de estas normas, no le dejes canjear sus puntos por dinero. Guárdalos hasta que su comportamiento haya mejorado.

En el capítulo 13 analizaremos cómo tratar los incumplimientos continuos y/o más graves de las reglas y cuándo recurrir a ayuda profesional. Por ahora, trata de ceñirte a estas técnicas, a menos que tu hijo se descontrole. Si este es tu caso, consulta el capítulo 13.

Ahora que ya has elegido todos los componentes del contrato, llega el momento de pasar a la tercera parte y aprender a englobarlos todos dentro de un contrato viable.

Parte 3ª

Redactar un contrato viable

6

Seleccionar el formato del contrato

El alcance y el formato de tu contrato dependerán de las preocupaciones y de las reglas, recompensas y técnicas disciplinarias que hayas decidido incluir en el mismo.

Antes de negociarlo con tu hijo, sería conveniente que tuvieras un modelo de contrato del que puedas partir. Este documento debería contener secciones que incluyan por escrito:

- **Recompensas y reglas.** El documento debe contener una lista de las reglas que debe cumplir tu hijo, las recompensas que puede obtener por hacerlo y los medios para realizar un seguimiento de los premios ganados y de los que se han ido utilizando las semanas anteriores. Es importante que las recompensas se renueven para que el contrato siga siendo atractivo.
- **Disciplina.** Algunos padres incluyen una sección en la que enumeran las técnicas disciplinarias que se pondrán en práctica si se incumple alguna regla. Hay otros padres para los que no es necesario, ya que consideran suficiente la hoja de trabajo sobre disciplina que han creado previamente. Claro que puedes tener un plan corrector en caso de que lo necesites pero, al incluirlo por escrito, puedes hacerle entender

a tu hijo que no confías en él y que tienes la certeza de que no cumplirá las reglas. Esto no es necesario, ya que podría llegar a ser contraproducente en adolescentes que no suelen ocasionar problemas. Te sugiero que le preguntes a tu hijo qué le parece añadir una sección sobre disciplina en el contrato.

Por otra parte, si tu hijo está *continuamente* metido en problemas necesitará un tratamiento específico que se adapte a su comportamiento. Más adelante analizaremos cómo debemos estructurar un contrato en estos casos, pero te aviso con antelación de que un contrato por sí solo no garantiza el éxito y debes tener en cuenta que, en algunos casos extremos, los más recomendable será solicitar la ayuda de un profesional.

- **Declaración de conformidad firmada y fechada por tu hijo.** Esta declaración debe dejar claro que tu hijo comprende y acepta todos los términos del contrato. Un ejemplo sería: «Yo, (nombre del hijo), me comprometo a cumplir las reglas de este contrato, a cambio de lo cual seré recompensado según se especifica en el mismo», aunque el formato, más serio o menos formal, podéis decidirlo entre los dos.
- **Una promesa firmada y fechada por ti, el padre.** Esta declaración debe indicar que prometes cumplir todos los términos establecidos en el contrato. Un ejemplo: «Yo, (nombre del padre), padre de (nombre del hijo), me comprometo a cumplir los términos de este contrato y a dar las compensaciones necesarias según se regula en el mismo».
- **Un nuevo contrato cada semana.** En la mayoría de los casos, se debe usar un contrato nuevo cada semana. De esta forma, se podrá agregar, de manera constante, cualquier cambio o actualización que se considere necesaria. Posteriormente, deben firmar el documento el padre y el hijo.

Formatos de contrato

Para ayudarte a decidir el ámbito y el formato del contrato que mejor se adapte a tu familia, revisa los siguientes formatos y observa cómo los aplican las distintas familias.

Contrato exhaustivo

El primer contrato que vamos a analizar lo he llamado *Contrato exhaustivo* por ser el que más detalles incluye. Lo especifica todo y te deja espacio para anotar diariamente el cumplimiento de las distintas reglas.

Cuando se trata del primer contrato, muchos padres, especialmente aquellos que tienen hijos adolescentes muy jóvenes, utilizan este tipo de contrato, ya que recuerda a cada uno lo que tiene que hacer y ayuda a los padres a mantener la atención y a controlar detalladamente los actos de sus hijos. Aunque tu hijo no muestre problemas con todas las normas que aparecen en este formato, deberías incluirlas, en especial las que hacen referencia a la seguridad personal. De esta forma, tu hijo se familiariza con ellas y se da cuenta de lo importantes que son.

Cuando tu hijo crezca y sea más maduro, su previa exposición a estas reglas, sobre todo a las de seguridad personal, le facilitarán la tarea de cumplir reglas más propias de su edad.

Si tu hijo es ya mayor y autosuficiente, no hace falta que seas tan específico. Unas páginas más adelante explicaremos los formatos más adecuados para adolescentes mayores. Recuerda que no importa el formato con el que empieces ya que luego puedes cambiarlo. Por ejemplo, a medida que vaya mejorando su comportamiento, puedes dejar de analizar por separado el cumplimiento de cada regla y pasar a una evaluación global escrita al final del día o de la semana.

Veamos más detenidamente el formato más específico. La página uno, «Contrato exhaustivo: reglas educativas y de seguridad personal», te ofrece

espacio para anotar el cumplimiento de este tipo de reglas al final del día. También contiene una sección para escribir las actividades acordadas para los días de diario y los fines de semana que puede elegir tu hijo. Otra sección se encarga de las recompensas por los deberes terminados.

La página dos, «Contrato exhaustivo: reglas familiares», te ofrece un sistema para realizar un seguimiento del cumplimiento de estas reglas por parte de tu hijo, así como los puntos que consigue por hacerlo. Con esta hoja, tú y tu hijo podéis contabilizar los puntos obtenidos al final del día y hacer un cómputo global al final de la semana. En la parte inferior, encontrarás una sección que indica el valor de los puntos en términos de dinero o créditos para una actividad o compra.

Utilizar un contrato exhaustivo

Analicemos cómo los Jefferson, Susan y Ray, utilizaron este tipo de formato con su hijo Joe de 13 años.

Joe tenía dificultades con las tareas del colegio, especialmente con literatura y ciencias sociales, porque exigían mucho tiempo de lectura. Además de no encontrar nunca un momento para estudiar, tampoco era capaz de concentrase mucho tiempo seguido una vez que lo encontraba. Además, Joe se quejaba de que no le daba tiempo a terminarlo porque su hermano pequeño no le dejaba en paz. Y, en consecuencia, Joe se vengaba de su hermano molestándole continuamente.

En todos los demás aspectos, Joe se portaba bien. Llegaba puntual a clase y cumplía el resto de las reglas educativas. La hora de llegada a casa no era un problema porque dependía de sus padres o de amigos de sus padres para ir a los sitios. Sus padres aprobaban casi todas las actividades que hacía, como practicar algún deporte, jugar a videojuegos con sus mejores amigos o estar en casa de unos y de otros. Aunque cumplía también casi todas las reglas familiares, su habitación, como le ocurre a la mayoría de los adolescentes,

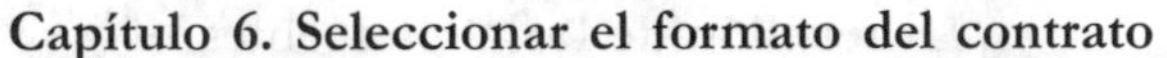

distaba mucho de estar ordenada. Sin embargo, cuando se le pedía, solía hacer un esfuerzo para arreglarla un poco. Teniendo en cuenta las preocupaciones concretas de los padres de Joe, creamos un contrato con muy pocas disposiciones.

Como la principal preocupación de los Jefferson era que su hijo hiciera los deberes, éste fue el punto de partida. Para motivarle, le ofrecieron la posibilidad de ganar 15 minutos de tiempo libre por cada media hora que pasara estudiando. Como los deberes le ocupaban una media de 90 minutos, podía llegar a ganar 45 minutos de tiempo libre. Si terminaba los deberes, conseguía otra media hora de tiempo libre que podía usar para quedarse despierto más tiempo.

Si Joe conseguía llevarse mejor con su hermano, podía obtener hasta 9 puntos (3 por la mañana, 3 por la tarde y 3 por la noche) canjeables por créditos para gastar en futuras compras. Joe quería un balón de fútbol que costaba unos 25 dólares. Cada punto que ganaba equivalía a 5 centavos en la compra del balón. Por si eso le pareciera poco, por cada día que Joe fuera capaz de terminar todos sus deberes, sus padres habían acordado darle adicionalmente los mismos puntos que obtuviese al final del día por llevarse bien con su hermano.

Así, por ejemplo, si Joe ganaba nueve puntos el lunes por llevarse bien con su hermano y además terminaba los deberes, se llevaba 18 puntos. Además, los padres recompensaban al hermano pequeño si no molestaba a Joe con un cuento a la hora de dormir. Este plan ofreció incentivos a los dos hermanos.

Aunque los padres no estaban especialmente preocupados por el resto de las reglas, decidieron incluirlas como medida de prevención. Hay veces en las que cuando los padres sólo premian ciertas reglas, el resto se descuida y se dejan de cumplir. Por esta razón, Susan y Ray decidieron otorgar un punto por el resto de las reglas familiares, como se muestra en la parte inferior de su contrato. Por la misma razón, decidieron incluir las reglas de seguridad personal y educativas.

Contrato exhaustivo

Reglas de seguridad personal y educativas

Reglas de seguridad personal

- ☐ Avisar con antelación de los planes
- ☐ Llamar cuando llegue del colegio
- ☐ Ser puntual con la hora de llegada a casa
- ☐ Participar en actividades acordadas

____

____

____

- ☐ Otras reglas:

____

____

L	M	X	J	V	S	D

Reglas educativas

- ☐ Ser puntual
- ☐ Ir a todas las clases
- ☐ Portarse bien
- ☐ Terminar las tareas con tiempo
- ☐ Aprobar los exámenes
- ☐ Otras reglas:

____

____

L	M	X	J	V	S	D

Cumplir con todas las reglas de seguridad personal y educativas supone ganar el privilegio de participar en ___ actividades después del colegio y en ___ actividades de fines de semana. Las actividades posibles para esta semana son:

Actividades de días de diario: ________________________

Actividades de fines de semana: ________________________

Bonus por cumplir las reglas educativas:

Hacer los deberes o pasar tiempo estudiando o leyendo durante ___ minutos = ___ minutos de tiempo libre o ___ puntos.

Terminar los deberes supone irse a la cama ___ minutos más tarde o ___ puntos.

Planificarse el trabajo y terminarlo sin prisas de última hora = ___ puntos.

Yo, ________________, me comprometo a cumplir las reglas de este contrato, a cambio de lo cual, seré recompensado según se especifica en el mismo.

Firma ________________________ Fecha ____________________

Yo/Nosotros, ________________, padre(s) de ____________, me comprometo/nos comprometemos a cumplir los términos de este contrato y a dar las compensaciones necesarias según se regula en el mismo.

Firma ________________________ Fecha ____________________

Contrato exhaustivo (Reglas familiares)

Reglas familiares

- ☐ Levantarse y prepararse por la mañana =___punto(s)
- ☐ Ordenar la habitación =___punto(s)
- ☐ Otras tareas:
  - ________________= ___punto(s)
  - ________________= ___punto(s)
  - ________________= ___punto(s)
- ☐ Llevarse bien con los padres
  - Mañana =___punto(s)
  - Tarde =___punto(s)
  - Noche =___punto(s)
- ☐ Llevarse bien con los hermanos
  - Mañana =___punto(s)
  - Tarde =___punto(s)
  - Noche =___punto(s)
- ☐ Cumplir las obligaciones =___ punto(s)
- ☐ Comportarse en las comidas =___punto(s)
- ☐ Ir a la cama a la hora establecida =___punto(s)
- ☐ Otras reglas:
  - ____________________________
  - ____________________________

L	*M*	*X*	*J*	*V*	*S*	*D*

Puntos totales ganados por día: ______________________

Puntos totales ganados por semana: ______________________

Valor de los puntos: 1 punto =___céntimos/___ créditos para actividades/compras

Ideas sobre cómo gastar los puntos:

Tiempo libre:___minutos tiempo libre cuesta___puntos

Actividad futura y coste en créditos:

______________________________ cuesta___créditos.

______________________________ cuesta___créditos.

Futura compra y coste en créditos:

______________________________ cuesta___créditos.

______________________________ cuesta___créditos.

Yo, ______________, me comprometo a cumplir las reglas de este contrato, a cambio de lo cual, seré recompensado según se especifica en el mismo.

Firma ______________________ Fecha ______________________

Yo/Nosotros, ______________, padre(s) de ______________, me comprometo/nos comprometemos a cumplir los términos de este contrato y a dar las compensaciones necesarias según se regula en el mismo.

Firma______________________ Fecha ______________________

Contrato exhaustivo

Reglas de seguridad personal y educativas para Joe Jefferson

Reglas de seguridad personal

- ☐ Avisar con antelación de los planes
- ☐ Llamar cuando llegue del colegio
- ☐ Ser puntual con la hora de llegada a casa
- ☐ Participar en actividades acordadas

____
____
____
____

- ☐ Otras reglas:

____
____

L	M	X	J	V	S	D

Reglas educativas

- ☐ Ser puntual
- ☐ Ir a todas las clases
- ☐ Portarse bien
- ☐ Terminar las tareas con tiempo
- ☐ Aprobar los exámenes
- ☐ Otras reglas

____
____

L	M	X	J	V	S	D

Cumplir con todas las reglas de seguridad personal y educativas supone ganar el privilegio de participar en__actividades después del colegio y en__actividades de fines de semana. Las actividades posibles para esta semana son:

Actividades de días de diario: *Jugar al tenis los lunes y jueves*

Actividades de fines de semana: *Invitar a 3 amigos a casa para comer pizza y ver una película*

Bonus por cumplir las reglas educativas:

Hacer los deberes o pasar tiempo estudiando o leyendo durante *30* minutos = *15* minutos de tiempo libre.

Terminar los deberes supone irse a la cama *30* minutos más tarde.

Por terminar los deberes cada tarde, los padres doblarán los puntos ganados por llevarse bien con el hermano

Yo, *Joe Jefferson*, me comprometo a cumplir las reglas de este contrato, a cambio de lo cual, seré recompensado según se especifica en el mismo.

Firma *Joe Jefferson* Fecha ______________

Yo/Nosotros, *Susan y Ray Jefferson*, padre(s) de *Joe Jefferson*, me comprometo/nos comprometemos a cumplir los términos de este contrato y a dar las compensaciones necesarias según se regula en el mismo.

Firma *Susan Jefferson y Rey Jefferson* Fecha ______________

Contrato exhaustivo

Reglas familiares para Joe Jefferson

Reglas familiares	*L*	*M*	*X*	*J*	*V*	*S*	*D*
☐ Levantarse y prepararse por la mañana=1 pto							
☐ Ordenar la habitación = 1 punto							
☐ Otras tareas:							
Darle de comer al perro = 1 punto							
Hacer la mochila = 1 punto							
Ayudar en la comida = 1 punto							
☐ Llevarse bien con los padres							
Mañana = 1 punto							
Tarde = 1 punto							
Noche = 1 punto							
☐ Llevarse bien con los hermanos							
Mañana = 3 puntos							
Tarde = 3 puntos							
Noche = 3 puntos							
☐ Cumplir las obligaciones = 1 punto cada una							
☐ Comportarse durante las comidas = 1 punto							
☐ Ir a la cama a la hora establecida = 1 punto							
☐ Otras reglas:							
______________________________							
______________________________							

Puntos totales ganados por día: ______________________

Puntos totales ganados por semana: ___________________

Valor de los puntos:1 pto=5 centavos/1 crédito para actividades/1 para compras

Ideas sobre cómo gastar los puntos:

Tiempo libre:___minutos tiempo libre cuesta___puntos

Futura actividad y coste en créditos:

___________________________________cuesta___créditos.

___________________________________cuesta___créditos.

Futura compra y coste en créditos:

Balón de fútbol cuesta 25 $ o 500 créditos.

_______________________________________cuesta___créditos.

Yo, *Joe Jefferson*, me comprometo a cumplir las reglas de este contrato, a cambio de lo cual, seré recompensado según se especifica en el mismo.

Firma ___*Joe Jefferson*___ Fecha ______________________

Yo/Nosotros, *Susan y Ray Jefferson*, padre(s) de *Joe Jefferson*, me comprometo/nos comprometemos a cumplir los términos de este contrato y a dar las compensaciones necesarias según se regula en el mismo.

Firma ___*Susan Jefferson y Rey Jefferson*___ Fecha ________________

Como recompensa por cumplir cada día estas reglas, Joe podía ir de vez en cuando a jugar al tenis y tener alguna que otra actividad de ocio los fines de semana. Cuando los padres reconocían y premiaban el cumplimiento de las reglas, también le estaban enseñando a su hijo la conexión entre actuar de forma responsable y las consecuencias positivas. Este tipo de actitud de prevención, que recompensa la toma de responsabilidades, sólo puede beneficiar a Joe a medida que se hace mayor y aumentan sus deseos de libertad.

Analicemos el contrato de Joe y cómo se portó la primera semana. Como era de esperar, Joe cumplió todas las reglas de seguridad personal. Tampoco lo hizo mal en lo referente a las educativas. Las recompensas por pequeñas cantidades de trabajo y por terminar los deberes parecían motivar a Joe y le ayudaban a seguir adelante. Todas las tardes terminaba las tareas del colegio, por lo que se sentía muy orgulloso de sí mismo. Incluso, fue él quien pidió que se incluyera el visto bueno del profesor en el contrato. Durante la semana, fue a clases de tenis el lunes y el jueves. El fin de semana sus amigos fueron a su casa a comer pizza y a jugar a la consola.

Aunque Joe había asegurado con mucha confianza que llegaría a dominar las reglas familiares, descubrió que llevarse bien con su hermano Jack iba a ser más difícil de lo que pensaba. Los primeros días fueron especialmente frustrantes. No se podía creer que no consiguiera ningún punto cuando la culpa de todo la tenía claramente su hermano. «¡Esto es injusto!», les decía a sus padres, que hacían oídos sordos a estas quejas. Y lo que es más, también perdía puntos por discutir con los padres sobre quién tenía la culpa cuando se enfrentaba con su hermano.

Al darse cuenta de que Joe estaba viniéndose abajo, Ray decidió que su hijo necesitaba una ayuda para poder afrontar el comportamiento incitador de su hermano. En un principio, le sugirió que saliera de la habitación y se tranquilizara. Y finalmente, como se dio cuenta de que discutir con sus padres sobre quién tenía la culpa en las disputas con su hermano no servía de nada, decidió desechar esa táctica. Afortunadamente para Joe, durante la primera semana le fue bien con el resto de las reglas familiares, gracias a lo cual ganó

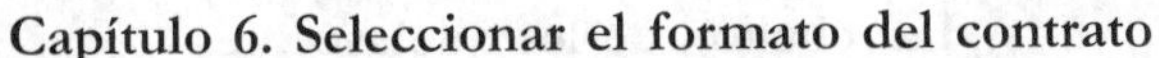

unos cuantos puntos. Al final de la semana, ya tenía reunidos 85 puntos, más 17 por duplicación. A este paso, se podría comprar el nuevo balón en menos de seis semanas.

Cuando llegó el momento de hacer un nuevo contrato para la semana siguiente, a pesar de todas las dificultades por las que había pasado Joe, todos estuvieron de acuerdo en no cambiar nada. Volveremos más adelante con los Jefferson para saber cómo progresó el contrato en sus primeros meses.

Ventajas de empezar con un contrato exhaustivo. Puedes utilizar este formato parcial o totalmente. Aunque te atraiga la idea, ten en cuenta que puede haber un aspecto negativo al desarrollar un contrato limitado que sólo trate las reglas en las que tu hijo presenta dificultades. Teniendo en cuenta que un cambio de actitud es algo que requiere tiempo y motivación, un contrato que exija demasiados cambios inmediatos, puede ser contraproducente. Tu hijo puede intentar cumplir las reglas y que le resulte imposible, con lo cual obtendría pocos puntos, o ninguno, y vería el cumplimiento del contrato como una utopía. Por ejemplo, si tu hijo tiene problemas con los estudios, es probable que mejorar este aspecto requiera su tiempo; seguramente, más de una semana. Si está continuamente discutiendo, enseñarle a llevarse bien con los padres y con los hermanos será probablemente un largo camino. Por lo tanto, siempre recomiendo que el contrato incluya reglas de fácil cumplimiento para el hijo. Así se asegura que gane algunos incentivos y que no pierda interés en el contrato antes de que exista una verdadera posibilidad de mejorar los aspectos que más te preocupan en él.

Esta táctica es la que yo empleé con mis hijos: incluir reglas que puedan cumplir fácilmente para conseguir así recompensas, al tiempo que se mejoran los comportamientos realmente importantes. Cuando eran mucho más pequeños, utilizaba un formato específico que detallaba todas las reglas familiares. Ya por entonces eran bastante buenos a la hora de cumplir las normas, debido a que ya conocían el *Juego del comportamiento*, que es una versión para niños que incluí en mi libro anterior (*How to keep your kids from driving you crazy*); al incluir las reglas familiares me aseguraba de que mis hijos ganaran algunas recompensas.

A medida que surgían los problemas, especialmente con los deberes, me preocupaba por adaptar el contrato y enfocarlo precisamente hacia estas áreas problemáticas. Normalmente, ofrecía una recompensa especial por mejorar en las categorías señaladas como objetivos principales.

Por ejemplo, cuando mi hijo mayor, Mike, estaba en el colegio, utilizábamos un contrato centrado en una buena planificación y realización de las tareas del colegio. La razón para elegir estos aspectos fue que descubrí por mediación del profesor que los suspensos en inglés de Mike se debían a que no entregaba las tareas encomendadas. Cuando le pregunté por qué no lo había hecho, me contestó muy tranquilo: «No pensaba que hubiera que hacerlas. El profesor sólo lo dijo una vez».

Para asegurarnos de que Mike anotaba todos los exámenes, proyectos y deberes, añadimos los siguientes términos al contrato: recibiría 10 puntos por traer una lista a casa todos los lunes y otros 10 puntos por presentar una planificación razonable que le permitiera hacer las tareas sin prisas de ningún tipo. Cada día consultaríamos esa planificación para ver si la estaba cumpliendo. Podría ganar 2 puntos por día si la llevaba actualizada y un total de 30 puntos al final de la semana, que podría cambiar por recompensas de fines de semana, cada una de las cuales costaba 15 puntos. También establecimos un tiempo determinado de estudio (de 15 a 30 minutos, dependiendo de la asignatura) equivalía a tiempo libre. Terminar las tareas le suponía ganar el privilegio de acostarse media hora más tarde. Este contrato le servía a Mike para apuntar las tareas, seguir una planificación y entregar los trabajos a tiempo. Y como le encantaba quedarse levantado hasta tarde, el contrato le motivaba a terminar los deberes. En un capítulo posterior, veremos cómo mi hijo y yo fuimos reformando el contrato para adecuarlo a otros aspectos problemáticos que fueron surgiendo.

Contrato general breve

Si tu hijo es autosuficiente y suele llevar la iniciativa, un contrato exhaustivo y detallado puede estar fuera de lugar. Tal vez sea más indicado crear un contrato breve que contenga apenas unas cláusulas. Al poner todas tus expectativas por escrito, dejas claro lo que deseas y esperas de tu hijo. Este contrato puede servir como confirmación de que las cosas están yendo bien.

El contrato general debe describir brevemente las reglas educativas y de seguridad personal que esperas que cumpla tu hijo. Indica que si sigue cumpliéndolas, seguirá disfrutando de las actividades que tenga y que cuentan con tu visto bueno. Lo mismo puede valer para las normas familiares. Este enfoque casi despreocupado puede no ser el más idóneo para todos los adolescentes, pero sí puede funcionar en los adolescentes mayores que han mostrado una actitud responsable durante cierto tiempo.

En algunos casos, no hace falta que utilices un contrato por *escrito*, siempre y cuando tu hijo entienda las reglas y las cumpla, a cambio de lo cual realizará las actividades acordadas. Tampoco tiene que ser necesario que controles sus deberes mediante un contrato, simplemente debes dejarle que se organice y haga las tareas él solo. Sin embargo, si las reglas no están por escrito, no es mala idea que las reviséis de vez en cuando para controlar si los dos os regís por las mismas.

Contrato general breve

Yo, ________________________, me comprometo a cumplir:

las reglas de seguridad personal
las reglas educativas
y las reglas familiares

a cambio de lo cual, se me permitirá:

continuar disfrutando de las actividades aprobadas
y encargarme de mi propia planificación

Firma ________________________ Fecha ________________________

Yo/Nosotros, ________________________ padre(s) de, ________________________ me comprometo/nos comprometemos a acatar los términos de este contrato.

Firma ________________________ Fecha ________________________

Si tienes la suerte de estar en una situación que sólo exige un contrato general, ¡enhorabuena a ti y a tu hijo! Suele ser una buena idea que tu hijo esté presente cuando redactes el contrato. Seguramente te comentará lo obvias o descabelladas que le resultan algunas reglas. Para mí, lo más importante es que los dos estéis de acuerdo y, cuando no sea así, tomaros vuestro tiempo para aclarar las distintas interpretaciones. No hace falta revisar este tipo de contrato muy a menudo. Si en ocasiones tienes tus dudas sobre el cumplimiento de determinadas normas, habla con tu hijo del tema. Y, lógicamente, tus palabras y acciones deben hacerle entender lo mucho que valoras sus esfuerzos. De vez en cuando, puedes sugerir que se merece algo especial por ser tan responsable.

Usar un contrato general breve

Analicemos cómo Fred y Ellen Ward desarrollaron un contrato general con su hija Ashley de 17 años. Aunque estaban empleando un contrato exhaustivo con su hijo Drew, de 14 años, no habían considerado la idea de un contrato para Ashley. Drew se sentía ofendido por esto y se quejó como era habitual en él: «¿Por qué tengo yo que tener un contrato y Ashley puede hacer lo que le apetezca?». Aunque a él le parecía que ella no tenía reglas que cumplir, no tenía razón, ya que simplemente era capaz de cumplirlas sin necesidad de un contrato. Pero Drew exigía un poco de justicia y quería que su hermana tuviera también un contrato. Cuando Ellen le comentó a Ashley lo que su hermano pensaba, contestó que no le importaba tener un contrato. Además, así quería demostrarle de una vez por todas que ella también tenía normas, que las cumplía y que no era tan libre como creía su hermano.

Madre e hija elaboraron un contrato similar al que acabamos de ver. Tras unas semanas, Ellen le preguntó a Ashley si le gustaría algo especial por ser tan responsable. En un principio declinó la oferta, ya que decía que hubiera sido igual de responsable si no hubiera tenido el contrato. Su madre le replicó: «Ya lo sé, pero creo que te mereces una recompensa por ser tan responsable». Pensándoselo dos veces, contestó: «Vale, ¿qué tal si vamos de compras?». A las dos les encantaba ir juntas de compras, así que era una recompensa perfecta.

Contrato limitado

Tal vez sólo necesites que el contrato trate un tema en concreto. Este contrato puede llegar a funcionar si el principal problema de tu hijo es la motivación. Por ejemplo, puede servir si tu hijo ha sido buen estudiante durante años y, de pronto, deja de serlo a pesar de tener las mismas capacidades. Lo que necesitas en esta situación es un contrato capaz de corregir el problema y una recompensa de éxito seguro que tu hijo sólo pueda obtener terminando todas las tareas.

Usar un contrato limitado

Para John Wu este tipo de contrato limitado funcionó enseguida con su hijo Charlie de 15 años, que además de ser un gran estudiante, sólo sabía hablar de golf. La enemistad que tenía ahora con las clases y su conversación monotemática sobre golf estaban empezando a estropear las buenas relaciones que de siempre habían tenido padre e hijo. Las notas de Charlie estaban empeorando y lo único que hacía bien era discutir con su padre. A consecuencia de todo esto, John le prohibió seguir jugando al golf. Cuando los dos se reunieron conmigo, diseñamos un contrato que recompensaba a Charlie con la práctica de golf tres veces por semana si mantenía una media de notable alto. ¿Que cómo lo hicieron? John le pidió a Charlie que le avisara cuando su nota media volviera a ser de notable alto. Cuando esto ocurría, le daba una nota a su hijo para que sus profesores apuntaran la calificación que tenía en su asignatura. Con esto, Charlie le enseñaba a su padre todos los exámenes, parciales y trabajos para demostrarle que las notas eran buenas. Ante el asombro de todos, los problemas de Charlie desaparecieron, las discusiones eran mínimas y se hizo un experto golfista. Y así, todos felices. El contrato logró un cambio rápido porque, aunque sólo tenía 15 años, Charlie estaba capacitado para sacar buenas notas. Simplemente necesitaba una renovación de las motivaciones. (Nuevamente, para un adolescente cuyo problema principal son los estudios, recomiendo un contrato que recompense el proceso de estudio, no la nota media).

Contrato limitado

Yo, ______________________, me comprometo a hacer lo siguiente: ______________________, a cambio de lo cual seré recompensado según se indica a continuación: ______________________

Firma ______________________ Fecha ______________________

Yo/Nosotros, ______________________, padre(s) de ______________________, me comprometo/nos comprometemos a ofrecer la recompensa expuesta anteriormente a condición de que ______________________ haga lo siguiente: ______________________

Firma ______________________ Fecha ______________________

Puntos en común

Aunque el alcance y el formato de los contratos son distintos, todos tienen características importantes en común. Los términos de cada contrato ofrecen al adolescente una oportunidad realista de obtener recompensas inmediatas y a largo plazo.

Sea cual fuere el tipo de contrato por el que te decidas, no debes rellenar las secciones sobre incentivos. Aunque sientas el deseo de escribir el número de puntos obtenidos por cumplir las reglas familiares y el número de actividades diarias y semanales por observar las reglas educativas y de seguridad personal, te recomiendo que dejes las otras secciones en blanco hasta no negociarlas con tu hijo. Juntos deberéis anotar los términos, como las recompensas y el valor de los puntos.

Si ya lo has decidido todo tú solo y lo escribes en el contrato, tu hijo puede tener la impresión de que su opinión no cuenta y de que no está involucrado en el contrato. Además, creerá que tu afirmación de que el contrato implica una negociación es totalmente falsa.

Contrato

Yo, Charlie Wu, me comprometo a realizar mis deberes y a mantener una media de notable alto, a cambio de lo cual podré jugar al golf tres veces por semana:

Firma ______________________ Fecha ______________________

Yo, John Wu, padre de Charlie Wu, me comprometo a dejar que Charlie juegue al golf tres veces por semana, a condición de que termine sus deberes y mantenga una media de notable alto.

Firma ______________________ Fecha ______________________

Nuestra sugerencia

Copiar: **En el apéndice A encontrarás una copia de cada formato, cada uno de los cuales puede servir de base para tu contrato. Puedes personalizarlo a tu gusto, así como añadir o borrar secciones según consideres necesario.**

Rellenar: **Incluye la información que desees en el formato una vez inicies las negociaciones con tu hijo. No escribas nada en la sección de recompensas hasta que tu hijo y tú no tengáis la oportunidad de analizarla.**

Guardar: **Guárdalo bien, ya que lo necesitarás pronto. Durante las negociaciones, tú y tu hijo trabajaréis juntos para rellenar este documento.**

Crear tu propio formato

Utilizando las reglas que acabas de leer, ha llegado el momento de que crees tu propio formato. Antes de presentarle el contrato a tu hijo, veamos cómo puedes garantizar la aplicación del mismo y asegurar su participación en todos los aspectos de vuestra vida familiar. Después de todo, si va a funcionar, es necesario que esté vigente de la noche a la mañana. En el siguiente capítulo encontrarás consejos útiles para darle vida a tu contrato.

7

Incorporar el contrato a la vida familiar

Antes de hablar con tu hijo sobre el contrato, piensa en cómo incorporarlo a vuestra vida familiar. Así, aunque inevitablemente sufra algunos altibajos, el periodo de prueba del contrato será más sencillo.

Tu contrato las 24 horas del día los 7 días de la semana

Los contratos no funcionan a menos que los hijos cumplan las reglas y *obtengan* recompensas a cambio. Aunque parezca simple, ponerlo en práctica los siete días de la semana las 24 horas del día no es nada fácil. Es posible que tengas que esforzarte más de lo que crees para conseguir que tu hijo se comporte como tú quieres, sobre todo al comienzo. Y recuerda, le vas a pedir que cambie ciertos hábitos que son innatos, lo que normalmente implica un proceso muy largo y continuas advertencias por tu parte.

En general, intenta ser lo más positivo y alegre que puedas. No interpretes el contrato como una especie de encarcelamiento, sino como una vía para el crecimiento personal de tu hijo. Tampoco lo consideres una declaración de guerra, ya que es más bien un tratado de paz. Aquí tienes algunos consejos que podrás poner en práctica cualquier día de la semana y que mejorarán la efectividad del contrato.

- **Empieza el día con una actitud positiva.** De esta forma, podrás conseguir que esa actitud se contagie al resto del día. El hecho de levantarse por las mañanas con el tiempo suficiente para prepararse y ayudar a los hijos puede ser beneficioso. Yo misma he comprobado que da resultado.

  Nunca se nos han dado bien las mañanas, ni a mí ni a mis hijos, Mike y Sean. Pero hace tiempo comprendí que merecía la pena cambiar de actitud. Me esforzaba por actuar de forma serena y calmada porque pensé que la vida es más fácil cuando todos se levantan, se preparan y salen a tiempo sin que se haya producido ningún altercado. De hecho, todo el día parece ir mejor cuando la mañana no ha sido un desastre.

  Cuando mis hijos estaban en el colegio, solía llamar a la puerta de su habitación y, con la voz más suave que me salía a esas horas de la mañana, les avisaba de que era el momento de levantarse y de que volvería en unos 5 minutos. Había veces en las que esto bastaba, pero también otras en las que tenía que volver para recordarles que debían levantarse. Con el tiempo, empezaron a ponerse ellos mismos el despertador y a levantarse cada uno por su cuenta. Y aun cuando eran demasiado grandes como para necesitar mi ayuda, también me levantaba para ayudarles en el desayuno y prepararles las mochilas.

  Aunque durante algún tiempo utilizamos un contrato para asegurar las recompensas por el buen comportamiento de por la mañana, logramos prescindir de ellas en muy poco tiempo. La armonía era suficiente premio para nosotros y nos motivaba a levantarnos, prepararnos e irnos.

Todos hemos oído alguna vez que es importante mandar a los hijos al colegio tras un desayuno «calentito». (Debo confesar que no soy partidaria de hacer esto). A mi entender, es más importante tener una mañana tranquila y sin problemas. Desearles un buen día cuando se van es un detalle precioso. ¿Quién sabe lo que les espera en clase? ¿Por qué no darles nuestro ánimo y apoyo? Esto no tiene por qué ser algo cursi. Sé tu mismo, amable pero a tu manera. La mayoría de los adolescentes reconoce que se sienten más preparados para afrontar el día cuando la despedida ha sido positiva.

- **Sácale el máximo provecho a tus ratos libres con ellos.** El día está lleno de oportunidades para conectar con tus hijos, mejorar la eficacia del contrato y acercar distancias. Por ejemplo, cuando tú y tu hijo coincidáis por primera vez desde la mañana (ya sea después de las clases, por la tarde, en la cena e independientemente de si es en casa, en el coche o por teléfono), te animo a que le hagas llegar lo mucho que te alegras de verlo y que muestres interés por ver qué tal ha pasado el día. Evita los interrogatorios y las inquisiciones y, en su lugar, escucha y muestra interés. Tu hijo puede agradecer y aprovechar la oportunidad que le brindas para hablar y descansar tras un día ajetreado en el colegio. Proponte que ese ratito sea el momento de tu hijo y mantente siempre dispuesto a escuchar. Ya compartáis el silencio, una broma, una conversación absurda o habléis de lo que vais a hacer para cenar o de la paz en el mundo, al estar juntos y reconoceros mutuamente de una forma positiva, os estáis uniendo y comunicando eficazmente. Quiero dejar claro que una buena comunicación no tiene que implicar temas serios o importantes. De hecho, para construir y fortalecer la relación con tu hijo, es una buena idea empezar por temas circunstanciales y carentes de conflicto, para luego pasar ya a los más complicados y emotivos. Tras este tiempo de transición, puede ser útil consultar el contrato o las tareas pendientes y planificar el resto de la tarde.

Veamos lo que ocurrió cuando Leon Carter, soltero y padre de Jeremy de 13 años, vino a verme para contarme su preocupación por la falta de relación que había entre ellos. Por la forma de contar la situación, quedaba claro que él, nada más llegar del trabajo, creía que como padre tenía la obligación de saber cómo le había ido a su hijo. Desgraciadamente, esta idea le hizo actuar como un detective privado en busca de detalles. En cuanto Leon entraba por la puerta, empezaba la inquisición. Jeremy solía estar a la defensiva y se quedaba mudo, contestando de vez en cuando un rápido «sí» o «no», mientras su padre no dejaba de hacerle preguntas. ¿Qué tal el examen de matemáticas? ¿Has terminado el proyecto de inglés? ¿Marcaste algún gol en el partido? ¿No ibas a jugar de defensa en el encuentro del sábado? ¿Has llamado a tu compañero del laboratorio para hablar del proyecto de física? Aunque estaba totalmente de acuerdo con la preocupación de Leon por los progresos de su hijo en el colegio y en los deportes, le recomendé que se lo tomara con más calma. Mi sugerencia fue que le dijera a Jeremy lo mucho que se alegraba de verle y que le hiciera preguntas generales de cómo le iba, dándole tiempo para responder. Durante el primer cuarto de hora que estuviera en casa, le recomendé que mantuviera una conversación espontánea y trivial, que simplemente siguiera su propio rumbo.

A pesar de lo mucho que le costaría hacer esto, lo intentó. Al principio no se sentía nada cómodo porque esta interacción con su hijo no tenía ninguna función en concreto. Sin embargo, con el tiempo Leon se dio cuenta de que estas conversaciones superficiales sí eran productivas. Jeremy, al no estar ya presionado y sentirse más cómodo cuando hablaba con su padre, comenzó a expresarle sus sentimientos y ese hecho hizo que mejorara la eficacia del contrato y, por tanto, la relación con su hijo.

- **Haz las comidas gratificantes.** Si coméis juntos, que es lo que yo sugiero en todos los casos, trata de hacer que ese momento sea placentero: no pongas a nadie en una situación desagradable ni insistas

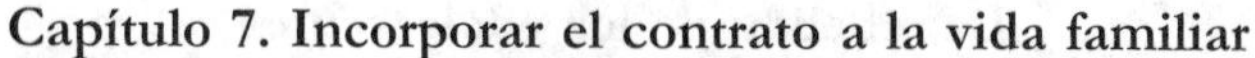

en que tu hijo te cuente cómo le ha ido el día. Sólo lo hará cuando esté preparado y no antes. Si lo acosas para que hable, provocarás un efecto contrario al deseado y harás de tu hijo un adolescente poco comunicativo y arisco. Puedes probar a iniciar conversaciones, siempre y cuando estés dispuesto a debatir opiniones opuestas a las tuyas. Las horas de las comidas pueden ser un momento perfecto para hablar de todo lo referente a la familia. Yo solía aprovechar las comidas para preguntar por las últimas tendencias adolescentes, pero no para juzgarlas, sino por mera curiosidad. Ya se tratara de pantalones anchos, de minifaldas ajustadas o de pelo teñido de rojo, cada uno intervenía para decir su opinión. Estas discusiones eran el foro preferido de mi hijo mayor para defender el derecho individual a expresarse libremente. Toda la familia era incapaz de comprender las ventajas de tener un *piercing* en la lengua.

Las comidas son también un buen momento para que tú comentes qué tal te ha ido el día; de esta forma tu hijo se dará cuenta de que tienes días buenos y malos, como todo el mundo. Reconoce cualquier fallo que hayas cometido y explica cómo has intentado solucionarlo. Puedes expresar tu frustración y admitir que te hubiera apetecido liarte a porrazos con tu jefe, pero pensaste que eso no era una buena idea y decidiste morderte la lengua. Estas confesiones le hacen ver a tu hijo que eres humano, que tienes sentimientos y que debes esforzarte en expresarlos de una forma socialmente aceptable. Lógicamente, también puedes compartir los aspectos positivos de tu vida: un buen día en el trabajo, la ilusión de aprender algo nuevo y la satisfacción de hacer algo bien. Con suerte, esto servirá de ejemplo para tus hijos.

Durante los últimos años, los Daley me contaron lo mucho que temían que llegara la hora de comer porque sus hijos Terry y Scott no dejaban de pelearse. Los padres, Claire y Jack, tenían la sensación de que estaban allí más como árbitros que como comensales. Los Daley

utilizaban un contrato que incluía recompensas de tiempo libre si Terry y Scott se llevaban bien después del colegio, en las comidas y por la tarde. Como Scott tenía una hora para irse a la cama, solía utilizar el tiempo libre que había ganado para quedarse media hora más todas las noches. Terry ya no tenía hora, por lo que utilizaba su tiempo libre para hablar por teléfono. De hecho, estaba ahorrando para tener su propia línea.

Recibir incentivos por portarse bien había mejorado lentamente el ambiente a la hora de las comidas. Una noche cenando, durante una conversación sobre cómo parecían estar al margen de la ley los atletas profesionales, Terry, que normalmente criticaba abiertamente ese tipo de injusticias, no dijo ninguna palabra. Su madre le preguntó si se encontraba bien y Terry le respondió que sí, pero que no le apetecía hablar. Antes los padres le hubieran insistido hasta conseguir que les contara lo que le pasaba, pero ahora aceptaban la respuesta y no le molestaban más. Sin embargo, Scott no podía aguantar la oportunidad de meterse con su hermana: «Terry está reservándose para cuando hable por teléfono». Ante esto, Terry antes le hubiera espetado una contestación similar a: «Payaso, a ti lo que te pasa es que no conoces a nadie lo suficiente como para que te llame». Y así hubiera empezado una nueva discusión. Pero por alguna razón, el comentario de Scott entró de forma graciosa en los oídos de Terry. Se empezó a reír y le dijo a su hermano: «Scott, aunque la mayor parte del día eres odioso, reconozco que, a veces, tienes cierta gracia». Para los padres esto era un avance sin precedentes, ya que sus hijos eran capaces de reírse el uno del otro sin perder los papeles.

- **Organízate después de la comida.** Después de comer es un buen momento para que hijo y padres revisen el contrato y analicen qué se ha cumplido y qué no. Si tu hijo está ganando créditos, puedes repasar los que lleva ganados hasta el momento. En este punto, todos pueden organizar las tareas de por la tarde. También es un momento

ideal para que organices las tareas que tú necesitas hacer y los descansos que te piensas tomar. Informa a los demás de que estarás disponible cuando lo requieran y de que te gustaría ir a sus habitaciones de vez en cuando para ver cómo lo llevan. Haz que estas pequeñas visitas sean agradables. Llama siempre antes de entrar y pregunta si llegas en un buen momento. Puedes decir lo que estarás haciendo y repetir que estarás cerca. Los adolescentes más jóvenes suelen necesitar más control y planificación que los más mayores.

En general, es buena idea que te muestres disponible pero que no estés siempre encima de él, sobre todo cuando ya sea mayor. Hazle saber que estás dispuesto a escuchar y a ofrecerle tu ayuda cuando te lo pida. Obviamente, esto significa que no deberías planificar actividades que impliquen no estar en casa más de dos tardes por semana, especialmente si tu hijo está en el instituto y es probable que pase las tardes en casa. Si trabajas fuera de casa y no ves a tu hijo hasta la hora de cenar, te recomiendo que al menos uno de los padres pase las tardes en casa.

Temiendo vulnerar el espacio de su hija Claudia, de 16 años, Frank no la molestaba a menos que tuviera que regañarle por algo; tal vez se le había olvidado dar de comer al perro y sacarle de paseo, o tenía descuidado el trabajo que debía entregar al día siguiente. El caso es que no se dirigía a Claudia precisamente para darle buenas noticias y esto hizo que ella intentara evitarle en todo lo posible. Le recomendé a Frank que tuviera una charla sincera con su hija en la que le prometiera que iba a cambiar de metodología. También le sugerí la idea de un contrato que recompensase a Claudia por las cosas que hiciera, como sacar el perro o terminar los deberes. También le aconsejé que le dijera que intentaría ayudarle más y que contara con él para hablar de sus preocupaciones y problemas. Claudia se mostró de acuerdo con el contrato, con la esperanza de que su padre no estuviera tan encima de ella. Ella pidió permiso a su padre para poder avisarle cuando se extralimitase en las críticas. Aunque no le convencía del todo, accedió a esta petición. Resultó que los comentarios de Claudia le sirvieron a Frank para quitarse la costumbre de criticar antes de preguntar. Aunque algunos padres no estén de acuerdo en que los hijos puedan dar su opinión en este aspecto, este no fue el caso de Frank.

- **Termina bien el día.** El final del día es una buena oportunidad para comunicarte con tu hijo y darle las buenas noches. Puedes utilizar este momento para repasar el contrato y hacer un recuento de los créditos y recompensas ganados. Puedes tener una pequeña conversación con él para saber lo que tiene pensado hacer con esos créditos. Deberías también reconocer el esfuerzo que hace y agradecérselo. Cualquier otra conversación será decisión de tu hijo, que elegirá si quiere hablar.

  Si no tuviste la oportunidad de hablar con él, puedes dejarle una nota debajo de la puerta o en el espejo del cuarto de baño para comentarle lo que hizo bien y lo contento que te sientes por ello. Aunque para algunos adolescentes una nota como: «Ayer fue un día fantástico. Vamos a por otro igual» puede servir de motivación, para otros puede resultar demasiado cursi. Puedes dejarle un mensaje en el móvil o en el contestador para decirle lo mucho que aprecias algo que hizo. La variedad sirve de mucho, por lo que te aconsejo que utilices distintos medios, que seas creativo y divertido a la hora de hacerle ver a tu hijo lo mucho que te importa.

  Trata de seguir el antiguo axioma que dice «Nunca te vayas enfadado a la cama». Sin embargo, si hay un tema que no tiene solución, aplázalo hasta la mañana siguiente para que los dos tengáis tiempo de meditarlo con la almohada. Puedes decir algo así como: «Parece que no nos vamos a poner de acuerdo. Lo mejor es que hagamos una tregua hasta mañana por la mañana que estemos más descansados». Pero esto no significa que deba ser lo primero que tratéis nada más empezar el día, ya que puede esperar hasta más tarde. Puedes comentarle a

tu hijo que sea él quien decida el momento para hablarlo. Puede que se dé cuenta de que no estaba siendo nada razonable y lo olvide todo, o igual se muestre dispuesto a escuchar tus opiniones. Esto fue lo que les ocurrió a Ann y Paul Ritman. Su hija Jeannie, de 16 años, les avisó de que tenía pensado irse en tren con unas amigas a un concierto que había el sábado por la noche en una ciudad cercana. Era la primera noticia que ellos tenían al respecto, pero Jeannie afirmó habérselo comentado ya en repetidas ocasiones, ya que estaba ahorrando puntos para esa recompensa de fin de semana del contrato. A ninguno de los dos les hacía gracia la idea de que unas niñas de 16 años viajaran en tren de noche. Cuando terminaron de exponer las razones por las que le prohibían ir al concierto, ella explotó, les acuso de no confiar en ella y se marchó a su habitación, con portazos incluidos. Una vez que se calmó, Ann subió a la habitación de su hija para decirle lo mucho que sentía haber discutido, que no cambiaría de idea pero que esperaba que pudieran alcanzar algún tipo de acuerdo. Paul añadió que deseaba declarar una tregua para el resto del día y discutir opciones alternativas al día siguiente. Muy a su pesar, Jeannie se mostró de acuerdo y se acostó. Al final resultó que ninguna de sus amigas le había comentado nada a sus padres. Tras hablar con algunos de ellos, Ann y Paul se ofrecieron a llevarlas y traerlas a todas en su coche. Jeannie y las amigas aceptaron el trato y disfrutaron del concierto, y Ann, Paul y los demás padres se libraron de pasar toda la noche preocupados.

Antes de caer rendido en la cama, asegúrate de felicitarte y animarte por cómo ha ido el día. Si ha sido un buen día, tal vez haya sido porque tu hijo se ha portado bien. Pero cuando haya sido uno malo, simplemente proponte que mañana sea mejor. Y no importa lo bien o lo mal que fue el día, plantéate hacerte un regalo como recompensa. Haz algo sencillo y reconfortante: lee un libro, mira la televisión, escribe una carta o navega un rato por Internet. Estas recompensas serán la mejor forma de mantener tu propia motivación.

El contrato durante los fines de semana

- **Habla con tu hijo sobre las recompensas que ha ganado.** Cuando se vaya acercando el fin de semana, seguramente tú y tu hijo paséis algún tiempo analizando sus planes para esos días. Muchas familias se han dado cuenta de que con los contratos, las discusiones relativas a las actividades de los fines de semana disminuyen en cierta manera. Como se trata únicamente de si tu hijo se ha ganado el privilegio o no, es más fácil para ti mantenerte firme en tus decisiones. Dentro de los límites del contrato, si tu hijo quiere ir a algún sitio depende de él, no de ti. Cuando habléis de los planes para el fin de semana, limítate a revisar los términos del contrato que se refieran a la hora de llegada, a las actividades permitidas, las llamadas o, lo que es lo mismo, a las reglas de seguridad personal.

- **Reserva cierto tiempo para hacer algo agradable con tu hijo.** Los fines de semana son un buen momento para compartir actividades con los hijos, especialmente con los más pequeños. Busca algo con lo que los dos disfrutéis, que no implique estrés alguno y que no le haga a tu hijo pasar ningún tipo de vergüenza. Me refiero a actividades como llevarlo a practicar algún deporte u otra actividad extraescolar, aprovechando el trayecto en coche para hablar. O también ir con él a desayunar o comer fuera. Aunque hay adolescentes que detestan el salir de compras con sus padres, hay otros que no. Sin salir de casa, también podéis ver una película juntos o una actividad que implique la presencia de dos personas. Lo importante es que tu hijo disfrute del tiempo que pasa contigo. Este tiempo os sirve a los dos para conoceros y apreciaros. Yo no sacaría ningún problema a relucir durante estos momentos, a menos que sea tu hijo quien lo haga.

- **Aclara y planifica los deberes que debe hacer.** Asegúrate de tener controlados todos los deberes que tenga para el lunes por la mañana. Para animarle a que los termine sin tener que recurrir a las prisas de

última hora, puedes ofrecerle una recompensa por hacerlos antes de una hora en concreto.

- **Déjale tiempo libre para que se relaje solo o con los amigos.** No es necesario ni recomendable que tu hijo tenga el fin de semana lleno de actividades continuas. Descansar y relajarse le vendrá muy bien, y tú deberías hacer lo mismo.

Espero que todos estos consejos sirvan para que el contrato forme parte importante de tu vida familiar. Para que sean más fáciles de recordar, los he resumido en una lista de consejos rápidos. Mis clientes y mi familia consideran que esta lista ayuda a no preocuparse por saber qué se debe hacer en cada momento. De hecho, muchos padres la colocan en un lugar que esté al alcance de todos.

Una vez que tengas una idea clara de cómo funcionará tu contrato, llega el momento de abordar el asunto con tu hijo. El siguiente capítulo explica el proceso de negociación. Y por si te sirve de consuelo, te recuerdo que tienes todo mi apoyo.

Consejos rápidos para padres

Todo el día y todos los días:
Adopta una actitud positiva y calmada.
Otórgale a tu hijo el beneficio de la duda.
Recuerda y recompensa el cumplimiento del contrato.
Aplica incentivos y castigos.
Valora tu esfuerzo y el de tu hijo.
Cuando puedas, disfruta de una recompensa sólo para ti.

Por la mañana:
Da tiempo suficiente para que todos se levanten.
Recuérdale serenamente a tu hijo lo que debe hacer.
Despídete amablemente de él.

A mediodía (si estás en casa con tu hijo):
Hazle saber que te alegras de verle.
Muestra interés por cómo le ha ido pero no le presiones si no quiere hablar.
Pasa cierto tiempo junto a él.
Revisa lo que debe hacer y los créditos que puede ganar.
Anímale a que se ponga en marcha.
Cuando haya ganado suficientes créditos, recompénsale.

Si trabajas y llegas a casa tarde:
Recuérdale que te llame cuando llegue del colegio.
Cuando llegues a casa, dile lo mucho que te alegras de verle.
Reserva tiempo para charlar sobre el día de una forma relajada.
Revisa los créditos ganados hasta el momento.

Durante la cena:
Si es posible, comed juntos.
Evita los conflictos, las discusiones y los comentarios desagradables.
Invítale a que hable y anímale a mantener conversaciones abiertas y activas.
Comparte con él los buenos y malos momentos del día e invítale a que haga lo mismo.

Por la tarde:
Revisa el contrato y su estado.
Recuerda a todos los miembros de la familia que deben planificar la tarde.
Al menos uno de los padres debe quedarse en casa y estar disponible.
Ve a la habitación de tu hijo para controlar su progreso y aplicar las recompensas.

Al final del día:
Termina el día de forma positiva.
Comunícate con tu hijo y reconoce sus esfuerzos.
Revisa el contrato para determinar los créditos ganados y las recompensas.
Si no puedes hablar con él, déjale una nota y ve a su habitación a la mañana siguiente.
Date ánimos, has sobrevivido otro día.
Revisa el día y piensa en mañana.

El fin de semana:
Decidid juntos las actividades que tu hijo ha ganado.
Saca tiempo para hacer algo con tu hijo.
Establece una hora a la que los deberes deben estar terminados.
Planifica cierto tiempo para que tu hijo se relaje solo o con amigos.

8

Negociar con tu hijo

Te has esforzado al máximo, ¿verdad? Cada día le has dicho a tu hijo alguna cosa agradable.

Has trabajado duro para desarrollar un contrato razonable y justo que contenga actividades fáciles de cumplir y recompensas generosas. Tienes la esperanza de que las cosas pueden mejorar. Estás preparado para ese momento de franqueza con tu hijo, en el que le presentas el contrato y él te lo agradece y te dice: «Es maravilloso. Eres el mejor padre del mundo...». ¡Vaya, debes haberte quedado dormido! Despierta y vuelve a la realidad. Aunque hayas creado un contrato digno de una sala de trofeos, te estás olvidando de algo. Aún te queda la tarea de convencer a tu hijo para que acepte la idea del contrato.

Crear un ambiente favorable

Seamos francos: venderle un contrato de conducta a tu hijo es de todo menos fácil. La forma de presentárselo es primordial y, por ese motivo, dedico todo este capítulo a consejos y reglas que te ayudarán a hablar con tu hijo de la idea de un contrato.

Ser abierto y flexible

Cuenta desde un principio con que tu hijo mostrará cierta reticencia a hablar contigo. Sus reservas están más que justificadas, teniendo en cuenta que la mayoría de los padres sólo hablan con sus hijos de cosas *cruciales*. Consecuentemente, muchos adolescentes se irían al fin del mundo con tal de no hablar con sus padres. En el contacto inicial, es de vital importancia que dejes bien claro que se trata de una charla diferente a las demás. Y para ayudarte a que estés seguro de que realmente es distinta, te presento una serie de reglas. Recuerda que la forma en que presentes la idea de un contrato será la clave para que tu hijo lo acepte. Debido a su importancia, dedícale tanto tiempo como necesites a esta sección.

- **No presentes el contrato de forma negativa o como una amenaza para que tu hijo cambie de una vez por todas.** Mi experiencia me ha enseñado que la mayoría de los adolescentes odian que sus padres les sermoneen con temas como la madurez, la responsabilidad, los problemas de actitud y el respeto a los demás. Evita estos términos y otros similares. Debes hacerle ver que estás deseando poner en práctica este contrato, que describirá los términos de lo que tu hijo debe hacer para ganarse las recompensas. Comparte este optimismo y pídele una actitud abierta.
- **Tu sentido de la responsabilidad es la razón del contrato, utilízalo también en la negociación.** Ayuda el hecho de reconocer que tenéis que hacer algunos cambios y que se trata de un trabajo conjunto. En general, cuando discutáis el contrato te recomiendo que hables a tu hijo como te gustaría que te hablaran a ti. Aunque estas recomendaciones pueden resultar obvias, no lo son tanto. Hay ocasiones en las que, incluso antes de darnos cuenta, perdemos los estribos y nos descontrolamos. Lo que empezó como una conversación pacífica se ha convertido en una competición para ver quién da más voces. Para que esto no ocurra, es posible que debas seguir una serie de consejos.

Enviar una invitación

Invita a tu hijo a que se una a ti para mejorar las cosas juntos. Muchos de mis clientes descubrieron que un mensaje en el móvil, una nota o un recado en el contestador son un buen contacto inicial. Así le das tiempo para que medite la respuesta y disminuyan las probabilidades de una contestación como: «¿Pero de qué me estás hablando?». Dale uno o dos días para responder a la invitación. Ve un poco más lejos con preguntas como: «¿Recibiste mi mensaje?» o «¿Cuándo te vendría bien quedar?».

Te recomiendo que dentro de la invitación incluyas propuestas de cambio en tu propio comportamiento. Hazle ver que los dos os vais a comprometer en algo. Unas notas firmadas o con fecha pueden dar cierta seriedad a los procedimientos, pero no debe causar la impresión de ser algo sofisticado.

Piensa en las siguientes formas de invitación, dependiendo de lo que pueda funcionar mejor con tu hijo.

- **Una invitación emocional.** «He estado leyendo un libro sobre padres e hijos y me he dado cuenta de que no te digo tanto como debería lo mucho que te quiero y lo orgulloso que estoy de ti. ¿Qué te parece si te lo digo en persona? ¿Cuándo te vendría bien? Con cariño, papá/mamá».
- **Una invitación realista.** «Nos gustaría negociar contigo un contrato con el fin de que nos ayude a todos a llevarnos mejor. Si estás de acuerdo con nosotros, conseguirás algo a cambio. Sería una negociación bilateral. ¿Cómo lo ves? No importa lo estúpido que pueda parecer esto, me gustaría poder hablar del tema contigo. Dinos cuando te viene bien. Con cariño, papá/mamá.»
- **Una invitación breve y directa.** «Las cosas no pueden ir peor. He cometido un error y me gustaría hablar contigo para arreglarlo. No hay trucos, te lo prometo. Dime cuando te viene bien. Con cariño, papá/mamá».

Buscar el momento adecuado para sentarse a hablar

- **Haz que este momento sea especial para los dos.** Nada de interrupciones, o al menos las mínimas. Sé siempre positivo y haz que la reunión sea algo privado, que la invitación no se extienda a ningún hermano. Si tienes más de un adolescente en casa, reúnete con ellos de forma separada. Se trata de un momento entre tú y él. Si os reunís los dos padres, podéis dar la impresión de ser un frente unido, así que es mejor que lo haga sólo uno de los dos. Debes hacerle ver que os encontráis los dos ahí porque te quieres asegurar de que los dos comprendéis el contrato y cumpliréis las reglas. Si tu hijo mantiene una relación tensa con uno de los padres, quizás sería conveniente que iniciara los contactos quien se lleve mejor con él en ese momento. Aunque solamente sea un padre el que esté físicamente presente, es importante dejar claro que el contrato exige la colaboración de los dos padres. Si no tienes pareja con la que compartir tus victorias y derrotas, busca un amigo para compartir estos momentos.
- **Si la primera reunión fracasa, vuelve a intentarlo.** Muchos padres que no triunfan en un primer acercamiento, lo consiguen una vez que sus hijos se dan cuenta de que el contrato es algo demasiado bueno como para dejarlo escapar. Además, debes estar preparado por si la negociación se divide a su vez en pequeñas negociaciones, especialmente si tu hijo se vuelve beligerante o parece abrumado.
- **Empieza con un sencillo «gracias».** Siempre es buena idea comenzar el primer encuentro con un agradecimiento por haber dedicado un momento a pasarlo contigo.
- **Da una idea general de lo que es un contrato y de los campos en los que deseas que se aplique.** Te recomiendo que simplemente te refieras a tu plan como un contrato que establece las reglas que deseas que cumpla tu hijo y las recompensas que obtendrá por hacerlo. Este es un ejemplo de las cosas que podrías decirle: «Me gustaría que

probásemos algo nuevo que nos puede beneficiar a los dos. Te pido por favor que me escuches y que después me des tu opinión al respecto. Se trata de crear un contrato que ofrezca incentivos, como actividades que te gusten y un poco de dinero extra, por hacer una serie de cosas que espero y deseo que hagas. Serían cosas como levantarse por la mañana con tiempo para ir al colegio, hacer todos los deberes y llegar puntual a casa. Un libro que me estoy leyendo sugiere varias formas de utilizar un contrato que nos ayude a llevarnos mejor y a no discutir tanto. Me gustaría mucho intentarlo. Primero, déjame que te cuente las cosas que me gustaría que hicieras y, después, hablamos de las que esperarías o desearías a cambio».

- **Ofrécele tranquilidad y anímale a que dé una oportunidad al contrato.** Si ya habéis intentado otros programas que no funcionaron o que se abandonaron antes de tiempo, es posible que tu hijo se muestre escéptico ante la idea del contrato y dude de su efectividad. También es probable que quiera saber dónde está la trampa. En otras palabras, lo que querrá será una explicación exhaustiva de lo que tendrá que hacer y de las cosas a las que tendrá que renunciar cuando el contrato esté vigente. Nuevamente, tranquilízale diciéndole que a la mayoría de los adolescentes les encanta este tipo de contratos porque ofrece muchas cosas positivas.

Revisar juntos el contrato

Con los pasos que aparecen a continuación, tú y tu hijo deberíais entender el contrato. Como siempre, haz que esta parte de la negociación sea lo más activa posible.

- **Enséñale a tu hijo el formato que has elegido.** Señala y describe cada sección. Luego repásalas más detenidamente.

- **Aclara las reglas del contrato.** Dile a tu hijo las reglas que esperas que cumpla. Muéstrate tranquilo y positivo. Acércate a él con la seguridad de que podrá cumplir las reglas. Define cada norma de la forma más breve posible para que quede bien claro lo que se debe hacer en cada caso. No importa lo detallista que hayas sido, te darás cuenta que de vez en cuando deberás reajustar las reglas. No insistas demasiado en ellas o conseguirás que tu hijo pierda todo el interés en el contrato antes de haber empezado.

  Podrías decir algo así como: «Me gustaría que el contrato abarcara tres tipos de reglas. Como la educación es la prioridad número uno, quiero incluir llegar a clase puntual, hacer todos los deberes en su momento y aprobar los exámenes. Cuando salgas de las clases, deberás llamarme al trabajo para decirme que ya estás en casa, así como realizar todas las actividades acordadas para después del colegio» (habla de las que quieras incluir).

  «Como me preocupo por ti y quiero asegurarme de que estás bien, quiero que llegues a casa a tiempo y que me llames para decírmelo. Debemos ponernos de acuerdo en una hora de llegada para los días de diario y en otra para los fines de semana. Los fines de semana debería estar informado de lo que piensas hacer y saber que no implica ningún peligro».

  «Por el bien de la familia y para evitar las discusiones, necesitamos desarrollar un sistema que nos ayude a levantarnos por la mañana y a prepararnos enseguida. También necesitamos un plan que fomente una mejor relación entre nosotros. Y tal vez podamos establecer una planificación de tareas domésticas que debemos realizar entre todos».

- **Pregúntale si quiere que le recuerdes el cumplimiento de ciertas reglas.** Cambiar un comportamiento no es una tarea sencilla, especialmente si se trata de uno muy arraigado. En un principio, es posible que tu hijo necesite tus avisos. Hazle saber que tratarás de no

hacerlo de forma irritante y que no le avergonzarás delante de los hermanos o amigos.

Por ejemplo, podrías decirle: «¿Te gustaría que, mientras te haces a estas reglas, te las vaya recordando? ¿Cómo crees que debería hacerlo? Hay familias que usan una palabra clave». Mi hijo mayor quería que yo lo avisara porque así le resultaba más fácil, mientras que el más pequeño prefería hacerlo él mismo sin que nadie se lo recordara. Si tu hijo declina la oferta, pero ves que es incapaz de acordarse, pregúntaselo otra vez. Tal vez cambie de opinión.

Concretar las recompensas según las necesidades

- **Informa a tu hijo de las recompensas y actividades en las que has pensado.** Puedes hacer esto enseñándole la lista de control de las recompensas que has confeccionado. Esta muestra le puede servir a tu hijo para hacerse una idea general de los tipos de actividades y compras que tú consideras apropiados.
- **Pregúntale a tu hijo la opinión que tiene de los incentivos.** No te sorprendas si te menciona algunas recompensas aceptables en las que no habías caído o si te hace peticiones abusivas. Deja que apunte todas las que sean aceptables en la lista de control.
- **Deja claro que antes de incluir una recompensa en el contrato, los dos debéis estar de acuerdo.** Puede darse el caso de que tu hijo quiera más libertad o dinero del que tú estás dispuesto a darle. Con cualquier actividad que sugiera, recuérdale que para darle el visto bueno, tendrás que saber dónde va, con quién y cómo. Mantente firme cuando pida más de la cuenta. Siempre que sea posible, sugiere una alternativa aceptable para ti. Escucha sus ideas, pero ten claro tus límites. Explica la razón por la que no apruebas una actividad en concreto. Por ejemplo, puedes pensar que el sitio donde va es demasiado

peligroso, que no habrá suficientes personas adultas al cuidado y/o que no está preparado para una actividad como la de ir en coche con los amigos.

- **Haz que tu hijo anote las recompensas adicionales que han sido aprobadas en la lista de control.** Cuando haya incluido estas recompensas, la lista estará completa y podréis utilizarla semanalmente para decidir los premios que tu hijo desea ganar. Lógicamente, la lista se puede revisar y modificar según vayan apareciendo nuevas necesidades.

Explicar el sistema de recompensas

- **Revisa con tu hijo los tipos de recompensas diarias y semanales que puede conseguir si cumple una regla concreta o un conjunto de ellas.** Haz que tu hijo seleccione algunas recompensas para la semana próxima y que las escriba en el contrato. Asegúrate de que es consciente del número de actividades de días de diario y de fines de semana que puede obtener. No hay problema en que cambie las actividades que ha apuntado en el contrato, siempre y cuando las nuevas sigan teniendo tu aprobación.
- **Revisa el funcionamiento del sistema de puntos.** Coméntale a tu hijo el número de puntos que puede ganar por cumplir cada regla familiar. Especifica el valor de un punto en términos de créditos o de dinero. Explícale cuántos créditos son necesarios para realizar una actividad concreta o comprar algo.
- **Pídele su opinión y procura ser flexible.** Si no sabes qué opinar sobre un plan propuesto, tómate cierto tiempo para pensártelo. Por ejemplo, si tu hijo opina que el precio de una actividad o compra es demasiado elevado, escúchale atentamente. Para no desmotivarlo, evita establecer precios demasiado altos.

Controlar las reglas cumplidas y las recompensas obtenidas

Decide cómo deseas indicar que las reglas se han cumplido. Por ejemplo, si estás usando un formato exhaustivo, puedes registrar el cumplimiento de cada regla. Sin embargo, si estás utilizando un formato más breve, puedes simplemente anotar el cumplimiento de una categoría de reglas.

También deberías revisar el proceso para registrar los puntos que tu hijo consigue. Siempre es bueno escribirlo todo. Controlar los créditos ganados y los ya gastados reduce el riesgo de malentendidos y confusiones entre las dos partes.

Presentar el plan de disciplina

Antes de terminar de hablar del tema del contrato, es importante tratar el asunto de la disciplina. Prácticamente a ningún adolescente le gusta saber las consecuencias de sus errores, por lo que debes presentar este tema con la mayor diplomacia posible. Sé directo y claro. No uses un tono amenazante. Por ejemplo, en el tono más calmado posible, podrías decir algo como: «Hasta ahora sólo hemos hablado de los incentivos por cumplir las reglas. Tal vez quieras saber lo que ocurre si metes la pata, por ejemplo, llegando a casa una hora más tarde, mintiendo sobre dónde vas a estar o suspendiendo un examen. Aunque la verdad es que no espero que ocurra ninguna de estas cosas, en el caso de que llegases a hacerlo, habrá consecuencias más serias que la perdida de créditos. Dependiendo de la gravedad de la infracción, se te podría castigar durante cierto tiempo. Aunque estoy seguro de que harás todo lo posible por cumplir las reglas, creo que deberías saber que cuanto más grave sea el error que hayas cometido, más firme será el castigo». Este tipo de charla le servirá como aviso y le hará saber que confías en él, pero también le informa de que, si no cumple lo acordado, aplicarás una respuesta que se ajuste a la gravedad de la infracción.

Asegúrate de hablar de los posibles castigos por incumplimiento de las reglas. Si no lo haces, tu hijo puede creer erróneamente que la única consecuencia de una falta grave es perder créditos.

Cuando trates el tema de la disciplina con tu hijo, ponle ejemplos concretos de lo que tienes pensado hacer cuando no se comporte adecuadamente. Por ejemplo, puedes decirle que una falta leve, como llegar a casa cinco minutos tarde sólo supondrá un aviso. Si lo vuelve a hacer, le recortarás la hora de llegada. Avísale desde el principio de que las súplicas y ruegos no servirán de nada y que tampoco tolerarás discusiones sobre lo justo o injusto del contrato. Deja bien claro que si no cumple una regla, perderá los puntos que podría haber ganado. Si incumple una norma repetidas veces o de forma grave, la consecuencia será un recorte de la hora o un castigo.

Concluir las negociaciones

- **Haz que todas las partes implicadas firmen y fechen el contrato.** Esto le otorga al documento cierto aire de formalidad e importancia.
- **Dale a cada miembro de la familia implicado una copia del contrato.** Puede servirles para recordar los acuerdos tomados.
- **Pregúntale a tu hijo si quiere mantener el contrato en secreto.** Asegúrale que no se lo dirás a nadie a menos que él te dé permiso para hacerlo. Tu hija le puede comentar algo a una amiga suya, quien a su vez se lo dirá a sus padres. En estos casos, es posible que estos padres se pongan en contacto contigo para saber algo más. Antes de decir algo referente al contrato, te recomiendo que hables con tu hijo para saber si tienes su aprobación.
- **Explícale que la negociación del contrato se hará de forma semanal.** Dile que lo haréis para ver cómo está funcionando. Sugiérele

la idea de reuniros una o dos veces al día para determinar los puntos o créditos ganados durante el día o la semana. También dile que tienes pensado reuniros en algún momento del viernes para concretar las actividades del fin de semana.

- **Decidid juntos cuándo queréis empezar el contrato.** El domingo por la tarde o el lunes por la mañana son buenos momentos para ponerlo en marcha. La mayoría de los adolescentes no tienen problema en empezar cuanto antes por los incentivos que pueden ganar. Sin embargo, si tu hijo pide tiempo para pensarlo, dáselo. Hasta que el contrato no entre en vigor, tu hijo no puede ganar incentivos. No permitas que «más o menos lo acepte»; si se pone en vigor, se hace en toda regla. Es mucho más difícil determinar si debes aplicar recompensas o castigos con un compromiso tan poco claro.

- **Agradécele que le dé una oportunidad al contrato.** Al final de la reunión, agradécele que haya aceptado el contrato y, nuevamente, exprésale tu entusiasmo. Una vez solucionado el tema del contrato con tu hijo, es importante que sepa lo mucho que te ha alegrado trabajar juntos y que consideras que merece alguna recompensa por sus esfuerzos. Por ejemplo, podrías decirle unas palabras amables como: «Creo que vamos por buen camino. Gracias por dedicar un poco de tu tiempo a negociar el contrato. Creo que tu esfuerzo merece una recompensa». Este es el momento de ofrecerle un premio, ya sea para dárselo inmediatamente o más adelante. Por ejemplo, puedes ofrecerle que traiga un amigo a casa o que esté un tiempo extra al teléfono hablando con los amigos. Si se trata de un adolescente joven, le puedes agradecer su participación en la negociación dejándole que se quede despierto hasta más tarde. Si no es posible una recompensa inmediata, ofrécele créditos para utilizar más adelante, tal vez el fin de semana para comprarse una recompensa. Te recomiendo que especifiques tú una de antemano, en lugar de dejar que tu hijo elija una. Como tu hijo es nuevo en esto, puede llegar a pedir una que tú consideres demasiado

extravagante. Sin embargo, si después de oír tu sugerencia, sugiere otra que sí se ajusta a lo que tienes pensado, no dudes y acéptala.

Es vital valorar la participación de tu hijo porque así le demuestras que te estás tomando en serio tanto el contrato como los incentivos por una buena conducta; en este caso, el buen comportamiento fue revisar y concretar contigo un contrato. Por lo tanto, debes recompensarle por el contrato final al que habéis llegado juntos a pesar de vuestras diferencias. Y ya que estás en ello, ¿por qué no te premias a ti también? Te lo has ganado.

Las reglas de la negociación en acción

Veamos el ejemplo de varios de mis clientes durante la fase de la negociación. Esto te dará una idea de cómo pueden funcionar las distintas tácticas.

Emma Wilson, de 13 años, era incapaz de organizar su tiempo por las mañanas. Sus padres trabajaban y, al mismo tiempo que se aseaban, tenían que estar controlando a Emma en todo momento, ya que era la única manera de que llegara puntual a clase. Las mañanas se habían vuelto desesperantes y agotadoras. Los Wilson pensaron que había llegado el momento de implantar un contrato.

Emma se llevaba mejor con su padre, Gary, que con su madre Natalie, por lo que fue Gary quien hizo las veces de negociador. Tras hablar del contrato en términos generales, Gary sacó a relucir el problema matutino de Emma.

«Emma, ya sabes que por las mañanas todos tenemos prisa por irnos y hay veces que tenemos que tirar de ti para que no llegues tarde. Queremos implantar un plan que te ayude a levantarte y prepararte tú sola. ¿Qué te parece?».

Emma no parecía muy convencida. Encogiéndose de hombros, dijo: «Yo no llego tarde como tú dices. Vale, ¿de qué tipo de plan estaríamos hablando?».

Inteligentemente, Gary no discutió con su hija la frecuencia con la que llegaba tarde. Lo que hizo fue centrarse en el plan preguntando: «¿A qué hora piensas tú que debemos estar todos preparados para asegurarnos de que no llegarás tarde a clase?».

Emma y Gary se pusieron de acuerdo en poner las siete y media de la mañana. Gary sugirió la idea de hablar de lo que Emma tenía que hacer por la mañana y de si había algo que le llevara mucho tiempo. Emma le comentó que nunca lograba decidirse por la ropa que ponerse y que no conseguía ir a gusto. Gary le aconsejó que se podría levantar algo antes por las mañanas o dejar toda la ropa preparada la noche anterior. Emma no era muy partidaria de levantarse más temprano, por lo que pensó que la idea de elegir la ropa con antelación podría funcionar. Si tenía alguna duda sobre qué ponerse, podría llamar a su mejor amiga Carol para que le aconsejara.

Gary le preguntó a Emma si le gustaría obtener incentivos por la planificación previa y por ser puntual. Le sugirió la idea de ganar créditos que podría gastar en una compra mensual. A Emma la idea le pareció estupenda.

Este sistema funcionó bien para esta familia. Todas las tardes Emma disfrutaba eligiendo la ropa que se iba a poner, al tiempo que también disfrutaba con sólo pensar en la compra mensual que se avecinaba. Natalie y Gary ya no tenían que molestar a Emma para que se preparara. Ahora todos veían la rutina matutina de otra forma más placentera y hasta disfrutaban cuando iban los tres en el coche juntos. ¿Necesitaban realmente los Wilson un sistema de incentivos? Seguramente no, pero el incentivo aceleró el cambio en el comportamiento de Emma.

Duras negociaciones

Hay ocasiones en las que la negociación no es tan fácil, tal y como descubrió la familia Kim. Su hija Allison, de 15 años, era muy cabezota, dramática y dogmática, lo que le hacía entrar en continuas discusiones con sus padres, Cordelia y Warren. El día que estos decidieron presentarle la idea de un contrato,

Allison pasó a su típica posición beligerante. Durante las negociaciones, Allison sugirió una hora de llegada totalmente fuera de lugar y una cuenta de gastos importante. Desgraciadamente, algunas de sus amigas tenían padres poco atentos e indulgentes, con lo que conseguían hacer y comprarse casi todo lo que se les pasaba por la cabeza. Allison solía utilizar a estas amigas como ejemplo para exigir determinados privilegios. Sus padres consintieron que Allison les dijera a voces que sus amigas no tenían que cumplir estúpidas reglas infantiles como las que ella tenía en el contrato. Cordelia y Warren escucharon sin problemas y no interrumpieron las palabras de Allison, en las que les echaba en cara que su vida no les pertenecía, que no podían atarla de esa manera. A pesar de las protestas, sus padres se mantuvieron firmes y le repitieron: «Cuando estés dispuesta a hablar del contrato, avísanos. El contrato se va a implantar y hasta que no nos sentemos a hablar de él, considérate castigada sin salir de casa». Allison contestó: «Total, nunca me dejáis ir a ningún lado», y se marchó de la habitación.

Cuando me volví a reunir con los padres, estaban comprensiblemente preocupados porque pensaban que el contrato no funcionaría con su hija. Les pedí que se tranquilizasen, ya que aún había esperanza.

He descubierto que en los casos en los que padres e hijos no pueden hablar pacíficamente, poner las cosas por escrito puede ayudar muchísimo. Cordelia, Warren y yo misma escribimos una carta a Allison en la que le explicábamos el objetivo y la naturaleza del contrato. En la carta, incluimos una invitación para que Allison viniera a hablar conmigo y me contara su punto de vista. Allison acudió a mi consulta y me comentó que, como sus padres eran muy estrictos y siempre recurrían a castigos por el más mínimo fallo, estaba segura de que el contrato sería un método complicado de castigos por no cumplir las reglas. Lo que ella no sabía era que cumpliéndolas podía ganar incentivos. Entonces, quiso asegurarse de que había entendido bien el contrato, de que era un plan justo y de que no se trataba de una trampa. Finalmente, convencida de que sus padres querían empezar desde cero, Allison aceptó reunirse con ellos.

Los Kim se dieron cuenta de que se habían acostumbrado a no ver los aspectos positivos de Allison. Una de las razones por la que querían negociar un contrato con su hija era la posibilidad que les daba de prestarle atención y recompensar sus cosas buenas. La familia tuvo algunas discusiones acaloradas sobre las posibles recompensas y actividades del contrato, pero al final consiguieron ponerse de acuerdo en las reglas educativas y de seguridad personal, incluida la hora de llegada. Allison se sentía especialmente contenta con dos de sus incentivos. Por un lado, si llegaba a casa a la hora establecida durante dos semanas, podría ir con sus amigas a un concierto de rock con la única condición de que sus padres las llevarían y las irían a buscar al terminar. Asimismo, como recompensa adicional, si cumplía con las reglas educativas y de seguridad personal durante cuatro semanas, podría llegar media hora más tarde las noches de los fines de semana. Invocando a la suerte, los Kim pusieron en práctica el contrato con Allison. Y la sorpresa que tuvieron fue muy grata. Aunque Allison aún peleaba por lo que ella quería, sus demandas se habían vuelto más realistas. Al contrario que antes, estaba ya dispuesta a oír las opiniones de sus padres.

Nuestra sugerencia

Teniendo en cuenta los consejos que acabas de leer y la experiencia de las familias analizadas, en cuanto te sientas preparado inicia las negociaciones con tu hijo y crea un contrato. ¡Buena suerte!

Seguramente, cuando estabas leyendo cómo se desarrollaron las negociaciones con Allison, te habrás preguntado por qué los padres toleraron que su hija les hablara como les habló. Puedes pensar que la dejaron excederse en sus comentarios. Los Kim tenían una meta y en ella basaron su actitud. Su deseo era aplicar un contrato y si eso implicaba ignorar voces, pataletas y cierta falta de respeto, estaban dispuestos a tolerarlo. Seguramente, si Allison hubiera continuado con este tipo de comportamiento arisco, hubieran incluido en el contrato una categoría de reglas que implicara llevarse bien con los miembros

de la familia. Al final resultó que, cuando el enfado de Allison disminuyó al ver que tenía ciertos privilegios y que los castigos no eran continuos, el comportamiento y actitud hacia sus padres comenzó a mejorar en gran medida. Si Allison empezaba a despotricar, con un solo aviso de uno de los padres servía para que se tranquilizara y volviera todo a la normalidad.

Dulces sueños. Mañana, tu primer día de contrato, ya está al caer. Es un nuevo comienzo.

La siguiente parte del libro te ayudará a aceptar este nuevo comienzo, enseñándote a utilizar el contrato semana tras semana y consiguiendo que el comportamiento de tu hijo mejore.

Parte 4ª

Cumplir el contrato

9

Fomentar el buen comportamiento

Este capítulo nos propone una serie de consejos muy útiles para navegar por las fluctuosas e impredecibles aguas del primer mes de vida del contrato.

No importa lo bueno que sea tu contrato ni el entusiasmo que tenga toda la familia, las primeras semanas son todo un desafío, puesto que todos, tú incluido, os estáis acostumbrando a un nuevo sistema.

Poner el contrato en práctica

Durante las primeras semanas de vida del contrato, puedes recurrir a estos consejos.

- **Empieza el día con actitud positiva.** Esto puede ayudar bastante. Recuerda que todos estáis empezando y que llevará cierto tiempo aprender todo aquello que implica convivir con un contrato. No olvides que todos cometeréis errores, pero si tenéis paciencia, comprenderéis lo que supone un contrato. Con seguridad, las cosas *irán mejorando.*

- **Consulta la lista de *Consejos rápidos* del contrato.** Te ayudará a recordar lo que tienes que hacer en cada momento. Si aún no la has leído, consulta el apéndice A y haz una copia. Apunta cualquier cosa que te ayude en tu papel de supervisor. Revisa estos consejos en cualquier momento del día.

- **Revisa los términos del contrato con tu hijo.** Durante las primeras semanas sería buena idea que dedicaras tiempo extra a asegurarte de que tu hijo tiene claros los términos del contrato. Cuanto mejor lo comprenda, mayores serán las posibilidades de que cumpla las reglas. Proponte reunirte con tu hijo todos los días a una hora apropiada para recordar los términos del contrato. Ofrécele una especie de recordatorio para que no se olvide de cumplir sus obligaciones, ya sea hacer los deberes, controlar el tiempo al hablar por teléfono o llamar al trabajo cuando llegue del colegio.

- **Reuniros para ver cuál ha sido el progreso.** También deberías esforzarte en comentar con tu hijo con cierta regularidad el progreso que has notado en él y los créditos que ha ganado hasta el momento. Reconócele todos sus esfuerzos con un «gracias». Este tipo de reuniones debe ser más frecuente con los adolescentes más jóvenes.

- **Analizad las recompensas.** Hablar con tu hijo sobre cómo desea gastar los créditos, ya sea durante la semana o en el fin de semana, es una buena manera de que mantenga el interés ya que eso le da algo positivo en lo que pensar.

- **No des recompensas que no se hayan ganado.** No des incentivos por buenas intenciones o promesas. Aplica los términos del contrato. No hagas concesiones típicas como «sólo por esta vez». Si lo haces, le estarás enseñando a tu hijo que el contrato no es real. Si tu hijo incumple el contrato, castígale de acuerdo a la falta que haya cometido.

No te dejes convencer. No le excuses cuando llegue tarde a casa, no haga los deberes o se pelee con su hermano; el simple hecho de que se esté adaptando al contrato o que se le haya olvidado no le exime de tener que cumplir con sus obligaciones. Si dejas su conducta sin penalización, tendrá un efecto negativo en su aprendizaje. No se tomará en serio ni el contrato ni tu autoridad.

- **No le quites recompensas que haya ganado.** Aunque estés muy enfadado con tu hijo, no le prives de los privilegios que ya haya ganado. Hacerlo debilitará tu contrato. Tu hijo no confiará en ti y creerá que has incumplido el contrato.

  Por ejemplo, si tu hija ha estado ganando créditos toda la semana por cumplir con las reglas familiares, pero de pronto un día parece estar esforzándose en sacarte de tus casillas, no pienses en restarle créditos por muy enfadado que estés. Si el ambiente está muy caldeado y la única manera de hablar es a voces, retrasa el momento en el que podrá disfrutar de los créditos hasta que todo se haya arreglado.

- **Continúa vuestros momentos de charla.** No dediques todo el tiempo que tenéis sólo a hablar del contrato. Busca un hueco para tratar otros temas del día, como los momentos buenos y malos que habéis tenido o un simple chiste. Estos instantes no planificados serán un buen cambio una vez aclarado el tema del contrato. Además, mejorará la eficacia del mismo.

- **Habla con un amigo.** Esfuérzate en hablar de los problemas, las preocupaciones o las dudas con tu pareja o los amigos. Es importante tener alguien con quien hablar sobre estos asuntos. Aunque discutáis sobre la mejor solución es bueno tener una segunda opinión externa. Además, servirá para ver las cosas con otra perspectiva. Tal vez tú pienses que el contrato no va por buen camino, pero un amigo puede que note cierta mejoría.

- **No olvides recompensarte a ti mismo.** No hay duda de que la mejora en tu hijo es gratificante y es un premio de por sí, pero no olvides recompensarte a ti mismo por tu tiempo y esfuerzo, diariamente, si es posible. Si al final del día te aguarda una recompensa, te resultará más fácil saltar los obstáculos del día a día y conseguirás mantener a flote tu motivación. Así que hazlo: recompénsate.

Ofrecer una recompensa extra

Habrá veces en las que pensarás que tu hijo se merece una recompensa extra. Ofrecer un premio sorpresa de vez en cuando puede estimular el espíritu de más de uno. Puedes utilizar un incentivo adicional para reconocer una semana particularmente buena y/o para mostrar agradecimiento por el esfuerzo de tu hijo.

Analicemos cómo los Talbot pusieron esta idea en práctica con su hija Sarah, de 15 años. Contentos con sus esfuerzos para mantener limpia la habitación, los padres le dejaron la siguiente nota en el cuarto de baño: «Administración le agradece su valioso esfuerzo en el mantenimiento de la habitación y por ello desea reconocer este mérito de una forma más adecuada. ¿Alguna idea? Mientras reflexiona, no se olvide del lema familiar 'No hay que ser demasiado ambicioso'. Con cariño, papá y mamá».

Cuando Sarah vio la nota, no pudo más que reírse y decirle a sus padres en plan broma: «Por muchas notas que me pongáis, jamás seré una fanática de la limpieza». Su madre sonrió y respondió: «Sarah, te conozco desde hace más de 15 años y créeme, ni papá ni yo podríamos nunca convertirte en una fanática de la limpieza. Nuestra intención era agradecerte el esfuerzo que has hecho. ¿Se te ocurre alguna recompensa?». Tras unos minutos, Sarah pensó en una de esas almohadas que se ajustan al cuello. Y aunque no lo reconociera aún, a Sarah le gustaba tener la habitación ordenada, ya que así no tenía que mover kilos de ropa de un lado para otro en busca de algo o simplemente para poder sentarse.

Si tu hijo ha tenido una semana cargada de exámenes, puedes agradecerle su esfuerzo con una recompensa durante el fin de semana.

Mis clientes, los Gray, descubrieron que enviarle un mensaje al móvil era una buena manera de reconocer los esfuerzos de su hijo de 17 años: «Reese, ¡qué semana! Tres exámenes en tres días... ¡Qué bárbaro! Afortunadamente, este fin de semana te vas a resarcir. Te lo has ganado. Nos gustaría participar con una contribución. Piénsatelo, ¿vale? Un viaje a Las Vegas no es una opción y existe otro tipo de limitaciones. Te imaginas cuáles, ¿no?». Cursi pero muy efectivo.

Cansado de toda la semana, Reese agradeció el reconocimiento de sus padres. Como a casi todos los adolescentes, le gustaba que valoraran sus esfuerzos. Cuando leyó la nota, estaba demasiado cansado como para pensar en otra cosa que no fuera dormir. Sin embargo, el sábado por la mañana, con energías renovadas, estaba deseando ir al partido de fútbol. Como recompensa extra, preguntó si podían comprarle una camiseta para hacer deporte. Sus padres lo consideraron un buen premio y lo hicieron.

Utilizar el contrato los fines de semana

Idealmente, el fin de semana es el momento de celebrar las victorias de la semana. Es también el momento de reconocer el buen comportamiento ofreciendo actividades de fines de semana como recompensa. Con suerte, tu hijo habrá ganado suficientes créditos durante la primera semana del contrato como para hacer algo el fin de semana.

- **Habla con tu hijo de los planes del fin de semana.** Hazlo durante la semana para analizar si ha reunido suficientes puntos para conseguir las recompensas para el fin de semana. También es una buena idea planificar una reunión a una hora adecuada los viernes para hablar más concretamente de los planes que tenéis. Otros momentos que se pueden utilizar son el jueves por la noche o el sábado por la mañana.

Esta reunión puede tener varias funciones. Una de las principales es decirle a tu hijo lo mucho que valoras sus esfuerzos por cumplir las normas del contrato. Sé positivo y alégrate de que lo haya hecho bien.

- **Decidid juntos las actividades concretas que tu hijo se ha ganado.** Dale la oportunidad a tu hijo de que decida cómo se va a gastar los créditos ganados y/o elegir las actividades que quiere realizar el fin de semana. Pídele el máximo número de detalles posibles sobre esas actividades. Descubre dónde tiene pensado ir y lo que ha planeado hacer. Si necesita que le lleven y tú puedes hacerlo, te recomiendo que lo hagas y que compartas esta tarea con otro padre de confianza. Como ya vimos antes, los planes pueden cambiar de un minuto para otro. Que no te sorprenda y aprende a vivir con ello. No importa las distintas opciones que te haya dado antes, cuando salga por la puerta debes tener claro qué es lo que va a hacer. Asegúrate antes de que se marche y deja bien clara la hora de llegada.
- **Establece una hora a la que deben estar terminados los deberes.** Para no tener que echar por la borda un fin de semana maravilloso por una mala noche de domingo llena de discusiones de por qué no ha terminado todos los deberes, te recomiendo que planifiquéis el día, de forma que pueda disfrutar de sus recompensas, pero que también tenga tiempo suficiente para terminar todas las tareas relacionadas con el colegio.
- **Pasa cierto tiempo con él realizando una actividad que los dos disfrutéis.** Este momento debe ser divertido y no debería depender de cómo esté cumpliendo el contrato. Independientemente de cómo lo haya hecho durante la semana, intenta pasar cierto tiempo ocioso y positivo con tu hijo durante el fin de semana.
- **Déjale tiempo para que se relaje solo o con los amigos.** No le fuerces a que planifique cada minuto del fin de semana. Anímale a que se tome cierto tiempo para descansar y relajarse. Estos momentos pueden servirle para renovar energías (y a ti también).

Utilizar el contrato de forma semanal

Mantente al corriente del progreso de tu hijo de forma semanal. Para garantizar esto, establece una rutina semanal para revisar, renegociar y reiniciar el contrato de tu hijo.

Las siguientes notas deberían servirte de ayuda para conseguir que esta tarea se convierta en un intercambio productivo y consistente con tu hijo.

- **Evalúa el progreso de tu hijo.** Al final de cada semana, tómate unos minutos para revisar el contrato y cómo lo ha hecho tu hijo durante la semana. No esperes milagros ni un comportamiento perfecto. Seguramente, con el tiempo tu hijo ganará más puntos y disfrutará de más actividades.

  Si tu hijo fue capaz de conseguir una media de tres o más puntos durante la semana pasada, sigue con el contrato la semana siguiente. Si la media de tu hijo es más baja, añade una categoría o regla que te proporcione la certeza de que tu hijo va a poder cumplirla sin problemas. Con esto, aumentas las probabilidades de que tu hijo gane los puntos necesarios para poder disfrutar de una recompensa por buen comportamiento. Para que el contrato funcione a largo plazo, tu hijo debe conocer la relación existente entre los buenos comportamientos y las buenas consecuencias, y no sólo entre malos comportamientos y malas consecuencias. Si únicamente ve lo negativo, puede perder la motivación y decidir no seguir con el contrato.

  No esperes que tu hijo te guste más tras las primeras semanas, ni tampoco supongas que él de pronto te encuentre maravilloso. Los cambios de actitud y de sentimientos pueden tardar mucho. Tu preocupación número uno ahora es cambiar el comportamiento de tu hijo, y esto lo puedes medir de forma objetiva viendo los puntos que ha ganado y las actividades que ha disfrutado.

- **Haz una copia del formato del contrato.** Cada semana ten a mano una copia nueva del formato del contrato para que lo rellenéis tú y tu hijo.
- **Fija una hora de reunión.** Planifica un momento concreto para reunirte con tu hijo y revisar el contrato para la semana siguiente. Un domingo por la tarde es buen momento para muchas familias. Intenta que sea siempre el mismo día y a la misma hora.
- **Siéntate con tu hijo.** Empieza la reunión con un comentario general que muestre tu entusiasmo y aprecio por sus esfuerzos. Aunque tengas la impresión de que las cosas han mejorado, resérvate la opinión. Tu hijo elegirá el momento y la ocasión para decirte que él piensa que las cosas han ido a mejor. Evita comentarios del tipo «Sabía que funcionaría y que te iba a gustar. ¿A que están las cosas mejor así?». No esperes que tu hijo se muestre de acuerdo con esta afirmación.
- **Revisa el contrato con tu hijo y concentraos en lo que fue bien.** Como ya comentamos antes, si tu hijo ha conseguido menos de tres puntos al día, deberías añadir una nueva regla que pueda cumplir fácilmente. Si ha llegado a esa media o la ha superado, mantén todo igual. Aunque tu hijo lo haya hecho estupendamente, no lo pongas más difícil, al menos, por ahora. Si tu hijo cometió un error y le redujiste la hora de llegada o le castigaste el fin de semana, trata de hablar calmadamente y especifica bien claro qué es lo que hizo para merecer el castigo. Exprésale tu esperanza y optimismo en que podrá cumplir las reglas durante la semana siguiente para así evitar llegar antes a casa o estar castigado.
- **Analiza cómo funcionará el contrato la semana siguiente.** Hablad de las distintas recompensas o actividades que son del agrado de tu hijo. Si tu hijo no está seguro de los premios que quiere ganar, no importa. Tiene toda la semana para decidirse, suponiendo, claro, que estés de acuerdo con las propuestas.

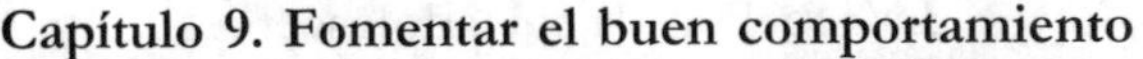

- **Firmad y poned la fecha en el contrato.** Esto puede servir de inicio oficial del contrato.

Este resumen general podría servir al menos durante las cuatro primeras semanas y, con suerte, incluso más.

Después del primer mes

- **No tengas prisa por revisar las reglas.** Aunque hay muchas familias que están deseando cambiar algunas reglas del contrato, no soy muy partidaria de esta idea. Si durante el primer mes, tu hijo ha mostrado una mejoría gradual, deja todo como está. No pienses que debes cambiar el contrato. Aún se está acostumbrando al mismo y a las reglas, por lo que no tiene sentido poner las cosas más difíciles. Saborea el éxito, pero no tientes a la suerte. El estrés del colegio es cada vez mayor y eso ya es suficiente. Los hijos no necesitan que sus padres también ayuden a aumentarlo.

  Veamos nuevamente el caso de los Jefferson y su hijo Joe, que empezó el contrato con 13 años. El contrato, en un principio, estaba enfocado hacia la planificación de sus estudios debido a que pasaba del instituto a la facultad. Como a Joe le encantaba el béisbol, todas las recompensas iban relacionadas con este deporte, ya fuera jugar un partido o comprarse un guante nuevo. Aunque los padres tuvieron la tentación de aplicar el contrato a otros campos, se dieron cuenta de que si descentraban la atención de Joe en los estudios, su rendimiento se podía ver afectado. El contrato de Joe se mantuvo casi inalterable los años que estuvo en el instituto. Como recompensa por estudiar y hacer los deberes, se le recompensaba con prácticas de béisbol y jugar partidos dos o tres veces por semana. Mientras funcionara el contrato, no existía razón alguna para tener que cambiarlo.

Nuestra sugerencia

Evaluar: Revisa el contrato de tu hijo. Anota los puntos ganados y las actividades que ya ha disfrutado.

Copiar: Haz una copia nueva del formato de contrato que estás usando.

Quedar con tu hijo: Establece una hora para sentarte a hablar con tu hijo y revisar el contrato.

Revisar: Analiza cómo ha progresado. Señala todos sus logros.

Preparar: Habla de la semana que tenéis por delante. Decidid cualquier cambio y analizad las recompensas que tu hijo quiere ganar.

Rellenar: Rellena el contrato con la ayuda de tu hijo y firmadlo. Cada uno debe guardar su propia copia del contrato.

Empezar: Inicia el contrato para la semana siguiente.

- **Amplía las recompensas, si lo consideras oportuno.** Si tu hijo ha seguido fielmente las reglas del contrato y ha llegado a casa a su hora durante un mes, podrías pensar en dejarle llegar media hora más tarde. Con esta acción le estás haciendo ver que confías en él. La mayoría de los adolescentes consideran este gesto como una señal de respeto y un reconocimiento de haber alcanzado cierta madurez. Así que si se lo ha ganado, déjale regresar media hora más tarde. También puedes revisar otros privilegios que tu hijo haya estado ganando y considerar la idea de ampliarlos igualmente. Pero no olvides que debes ir despacio.

- **A no ser que sea necesario, no cambies el contrato.** ¿Por qué desperdiciar el éxito? Si tu hijo está haciendo un buen trabajo y vuestra relación está empezando a mejorar, no te arriesgues a perderlo todo.

- **Celebra las victorias.** Es muy importante reconocer formalmente los logros obtenidos por la familia. He trabajado con muchas

familias que no pensaban que tuvieran algo que celebrar. Las cosas siempre podrían estar mejor. Aunque aún os queden muchas metas que alcanzar, una palmadita en la espalda siempre es bienvenida. Tu tiempo, esfuerzos y paciencia merecen un reconocimiento oficial. Y tus hijos, ¿qué? Han estado aguantando y lo están consiguiendo. También deberían recibir algún reconocimiento. Así que de vez en cuando, haz un esfuerzo y premia a la familia por seguir manteniendo vivo el contrato.

Tu contrato año tras año

- **Afrontar los retos.** Cuando utilices el contrato de mes en mes y de año en año, te darás cuenta de que deberás revisarlo para incorporar los nuevos retos que se presentan. El contrato puede ayudar a que tu hijo se adapte al colegio, al instituto y a la universidad. Puede prepararle para las actividades en grupo y sus primeras citas, en definitiva, para que organice su vida y su tiempo.
- **Retirar paulatinamente elementos prácticos del contrato.** A medida que tu hijo se vaya haciendo mayor, el contrato puede irse haciendo más informal. Esto ocurre cuando tu hijo se encuentra cómodo con lo que tú deseas y además lo cumple; ha aprendido y experimentado lo gratificante que son las buenas notas y tomar responsabilidades por uno mismo; y además utiliza el sentido común para las actividades que suponen salir de casa. Ocurre cuando él intenta solucionar un problema por su cuenta y recurre a ti para pedirte consejo. Tú y tu hijo no estáis de acuerdo en todo, pero coincidís en lo más importante y podéis hablar a pesar de vuestras diferencias. Os respetáis mutuamente. Las funciones del contrato pasan a un nivel más informal. Ya no existe la necesidad de enlazar comportamientos con recompensas. La relación está arraigada en padres e hijos por igual.

Analicemos ahora cómo la familia Grant fue utilizando con los años el contrato de su hija Erika.

Los padres elaboraron el primer contrato cuando Erika tenía 12 años. En un principio, se centraron en los deberes del colegio y en el comportamiento con la familia, por lo que usaron un contrato que la ayudara a desarrollar cierta responsabilidad en estos campos. La posibilidad de ganar incentivos consiguió que Erika se responsabilizara de sus deberes y exámenes.

También había conseguido que hiciera su propia colada y que seleccionara la ropa que debía meter en la lavadora. Aunque se negaba a mantener la habitación ordenada, quitaba toda la basura y la ropa sucia de su habitación. Erika decía que sabía perfectamente dónde estaba cada cosa y que las habitaciones tenían puertas por una buena razón. Los padres decidieron que cualquier esfuerzo adicional para convencerla en este sentido sería inútil. Una de las formas preferidas de Erika de invertir el dinero que ganaba era ahorrar para comprarse elementos decorativos para su habitación. Utilizó los créditos para transformar su cuarto y adornarlo a su gusto. Durante estos años pasó por una fase de estrellas brillantes y negras, por una etapa de actores famosos de películas y por un período de Impresionismo europeo.

Con la edad de 15 años, Erika se había convertido en una buena estudiante. Tanto ella como sus padres pensaron que era un buen momento para mantener una media de notas acordada y todos decidieron que esa calificación fuera el notable. Erika estaba segura de que podría hacerlo mejor, pero los padres entendieron que una nota más alta hubiera significado poner demasiada presión y estrés. Mientras mantuviera esa nota de media, podría seguir con sus actividades extraescolares: fútbol, teatro y periodismo.

Ya en este punto, el contrato se centraba en un comportamiento responsable fuera de casa. Erika les había demostrado a sus padres que era responsable y que podría cumplir las reglas. Los padres estaban dispuestos a escuchar atentamente su petición de más libertad. Con 15 años, Erika podía ir a sitios con grupos de chicos y chicas, siempre que la actividad fuera segura y que un adulto estuviera a su cargo. Cuando creció un poco más, se le permitió tener citas, pero siempre dentro del grupo. Más tarde podía ya salir con chicos a solas, pero con la condición de que no tuvieran un año más que ella.

Los Grant utilizaron el contrato con Erika para animarla a asumir responsabilidades, primero en casa y en el colegio y, después, fuera de casa, ya fuera sola o con las amigas. Aunque el contrato no puede garantizar una paz total, Erika y sus padres discutían mucho menos que la mayoría de las familias. Y como beneficio añadido, debido a los términos razonablemente buenos del contrato, Erika se encontraba mucho más a gusto al hablar con sus padres de temas que le preocupaban. Estas charlas permitieron que los Grant compartieran sus valores y perspectivas con Erika de una forma positiva y alejada de juicios.

Con 16 años, Erika ya se había hecho completamente al contrato. Cumplía las normas sin que nada o nadie se lo tuviera que recordar. Ya no necesitaba la estructura externa de un contrato escrito. Las reglas las llevaba en la cabeza y ya no era necesario apuntar las recompensas cada semana. Les decía con suficiente antelación a los padres dónde iba y qué es lo que iba a hacer. Si los padres no lo veían claro, se sentaban los tres a hablar para analizar la situación. Casi siempre conseguían llegar a un acuerdo. Cuando los padres de Erika no aceptaban sus planes, le explicaban exactamente por qué. Como Erika respetaba a sus padres, aceptaba sus decisiones aunque no compartiera su punto de vista. Es importante señalar que rara vez los padres se opusieron a las propuestas de su hija.

Cuando les pregunté a los tres si pensaban que sin el contrato hubiera habido el mismo ambiente de armonía, los tres tenían clara la respuesta: «Lo dudo». Haciendo de abogado del diablo, les contesté: «Pero no podéis estar seguros. Tal vez sin el contrato os hubiera ido igual de bien». «¿Por qué íbamos a arriesgarnos?», replicó la madre. «El contrato nos ayudó a los tres», añadió el padre. A todo esto, Erika comentó: «Al principio pensaba que el contrato iba a ser algo absurdo y que mamá y papá estarían vigilando todos mis movimientos sin dejarme hacer nada. Pero al final resultó que hacía más cosas que la mayoría de mis amigas, que no tenían contrato y que seguían teniendo castigos por las cosas más insignificantes. Creo que mis padres deberían utilizar el contrato con mi hermana pequeña Melanie, diga ella lo que diga». Aunque seguramente no todos los adolescentes hablen tan bien de un contrato, con el tiempo se dan cuenta de que los efectos positivos son muchos más que los negativos.

No es raro que los adolescentes pasen malas rachas en el cumplimiento de las reglas. El siguiente capítulo detalla algunos pasos que te pueden ayudar a que tu hijo vaya por el buen camino.

10

Afrontar los incumplimientos del contrato

Aunque estés haciendo un gran trabajo, debes tener presente que *surgirán* problemas y sorpresas en el camino. Al comienzo de este capítulo encontrarás una lista de los típicos problemas que tú o tu hijo podéis tener a la hora de cumplir el contrato y, al final, la forma de resolver diferentes tipos de incumplimientos del contrato.

Problemas típicos

- **Espera que tu hijo se queje del contrato.** Haz todo lo posible por ignorar estas quejas. Aunque durante la negociación tu hijo haya pensado que las reglas eran justas y fáciles de cumplir, puede cambiar de opinión cuando le toque cumplirlas. Puede llevarse una sorpresa desagradable cuando llegue el momento de llevar a rajatabla los términos del contrato. Si antes de existir el contrato hacía casi todo lo que quería, la idea del contrato, probablemente, no le hará mucha gracia. Prepárate para frases como: «¿Cómo puedes ser así? Jan me está esperando en su casa. Antes me dejabas ir. No es justo». Si tu hijo no se ha ganado el privilegio de ir a casa de un amigo, no puede ir. Ni siquiera una vez.

- **Los errores son normales.** Seguramente, el contrato está obligando a tu hijo a dejar atrás viejas costumbres, así que no te sorprendas si de vez en cuando las vuelve a tener. Tal vez se olvide de las nuevas reglas y se comporte como si no existieran. Para las infracciones menos graves, como llegar cinco minutos tarde, un aviso puede ser suficiente, especialmente cuando se trata de la primera vez. Si estas infracciones continúan, deberías considerar la idea de aplicar consecuencias más serias, como hacerle llegar antes de su hora habitual. Hagas lo que hagas, actúa de forma gradual con los castigos, no apliques medidas drásticas desde el primer momento.

- **No te sorprendas si tu hijo pone a prueba el contrato.** Intencionadamente, tu hijo puede poner a prueba su contrato para saber si vas a cumplir con tu parte. Se le puede olvidar llamarte, tal y como acordasteis, o incluso perder la noción del tiempo y llegar a casa media hora más tarde sólo para saber las consecuencias. No importa lo perfecta que sea la excusa de tu hijo, aplica las consecuencias tal y como quedaron reflejadas en el contrato. Además de restarle créditos, se le puede rebajar la hora o castigar sin salir de casa si lo pone a prueba de forma continua.

  Por ejemplo, te recomiendo que sigas lo que está establecido en el contrato; si tu hijo llega a casa una hora más tarde de lo que debe, no le sermonees sobre su inmadurez y falta de respeto. Simplemente dile en tono calmado que ha incumplido las reglas del contrato y que, por tanto, está castigado sin salir la noche siguiente. Si te acusa de ser un monstruo cruel y te dice que te odia, no trates de explicarle tu posición. Tampoco le pidas una disculpa sincera que nunca llegará; sal tranquilo de la habitación y sin *ningún* resentimiento. En el siguiente capítulo analizaremos qué hacer cuando las infracciones se producen de manera constante.

- **No olvides que tú también cometes fallos.** Tu hijo no tiene por qué ser el único que cometa errores; tú también lo puedes llegar a

hacer. Si es así, te sugiero que te disculpes y prometas corregir esa actitud. Como es muy difícil desprenderse de los malos hábitos, a menudo los padres siguen patrones negativos. Esto fue lo que le ocurrió a Elena Rosati con el contrato de su hija Janie de 15 años.

Como parte del contrato, Janie y su madre estaban intentando llevarse mejor. Antes de utilizar el contrato, se pasaban casi todo el día criticándose la una a la otra. Aunque habían avanzado algo, las cosas no eran ni mucho menos perfectas, según me comentó Janie.

Cuando hablé con ella, se subía por las paredes. «Ya te dije que mi madre no iba a poder cumplir este estúpido contrato», me comentó. «En cuanto nuestro equipo de baloncesto perdió el partido en la segunda prórroga, fue corriendo hacia mí para regañarme por cómo había jugado, y lo peor fue que lo hizo delante del equipo y de mis amigas. Por si eso no fuera bastante, me castigó allí mismo hasta que mostrara otro tipo de actitud y me esforzara más».

Janie tenía toda la razón; su madre no lo pudo hacer peor. Había incumplido los términos del contrato, simple y llanamente. Janie no estaba en condiciones de razonar, por lo que le sugerí que yo hablaría con su madre.

Elena y yo estuvimos hablando del disgusto que tenían todos los padres por la derrota y la pérdida del campeonato en un partido tan reñido. Cuando Elena se puso a pensar en lo que le había dicho a su hija, exclamó: «¡Dios mío! ¿Cómo he podido decir semejante tontería?». Se había comportado de forma irracional al dejarse llevar por la emoción del momento. Estaba decepcionada por la derrota y lo pagó con su hija. Le pregunté cómo pensaba reconciliarse con Janie. Sabía que, como la mayoría de los padres de adolescentes, Elena no tenía por costumbre pedir perdón, pero en este caso yo tenía claro que Janie se merecía una disculpa. Preguntó si podía hacerlo en aquel momento y dentro de mi oficina. Cuando su hija entró, Elena

se disculpó y arreglaron todo. Cuando Janie ya se marchaba, comentó en voz baja: «¡Vaya! Mamá nunca ha hecho nada por el estilo. Al final va a conseguir acostumbrarse al contrato».

- **Anticípate a la falta de interés.** De vez en cuando, tú o tu hijo podréis llegar a perder cierto interés por el contrato durante unos días o tal vez una semana. Por ejemplo, puedes descuidar el contrato y no acordarte de controlar si tu hijo cumple las reglas o no. Si esto ocurre, en lugar de enfadarte por tu descuido, concéntrate y devuélvele la normalidad al contrato.
- **Espera días malos.** Espera días malos y días buenos. Saborea los buenos y celébralos con tu hijo. No dejes que los malos sean la mayoría. Evita recordarle a tu hijo una y otra vez cómo se equivocó el día anterior. De hecho, lo que tienes que hacer es olvidarlo. Con el contrato en activo, tu hijo verá las consecuencias de cometer errores, ya sea perdiendo privilegios o tiempo libre o créditos. Lo normal es que los términos del contrato proporcionen ya el castigo necesario. La reprimenda y la crítica no son nada productivas; de hecho, afectarán negativamente a la efectividad del contrato.

Todas las familias tienen malos días. La causa suele radicar en factores ajenos al propio contrato o al comportamiento del padre o de la madre. Simplemente son cosas que pasan. Lo mejor que puedes hacer es dejarlos pasar sin más. Analicemos cómo afrontó la familia Weber un día malo. Karen y Jesse Weber llevaban algo más de una semana usando un contrato con sus hijos Neil y Joel, de 14 y 12 años respectivamente. La primera semana había ido bastante bien y los chicos parecían disfrutar con el hecho de ganar y gastar créditos por cumplir las reglas familiares y terminar los deberes. Teniendo en cuenta el éxito de la primera semana, los Weber no estaban preparados para lo que más tarde llamaron «el martes terrible».

Los Weber no solían tener ninguna complicación por las mañanas hasta que llegó este martes en particular y rompió la rutina. Neil se

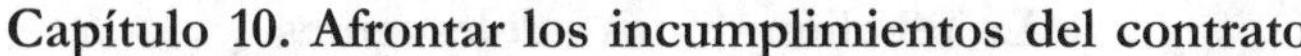

despertó de mal humor e incluso pidió a sus padres que le dejaran quedarse en casa a pesar de no mostrar signos de estar enfermo. Joel no lo pudo resistir y empezó a meterse con Neil diciéndole que tenía la fiebre propia de un examen de matemáticas. Neil se enfadó aún más e insistió en que estaba enfermo de verdad. Además de todo esto, Karen estaba nerviosa porque debía presentar un proyecto en el trabajo y la actitud de Neil la estaba sacando de sus casillas. Jesse participó en esta negatividad creciente diciéndole a los chicos a voces: «¿Os queréis meter ya en el coche?». Neil contestó: «Ya os arrepentiréis de esto cuando el jefe de estudios del instituto os llame para deciros que me he muerto».

Cuando Karen recogió a sus hijos del colegio, los dos estaban de muy mal humor. Intentó animar el ambiente, pero resultó en vano. Neil ya no se acordaba de su enfermedad pero no se podía quitar de la cabeza el horrible examen de matemáticas que acababa de hacer. Mostró su descontento diciendo: «No sólo me ha salido de pena, sino que además el empollón de Roy me ha restregado por la cara lo bien que le ha salido a él». Joel interrumpió con: «¿Crees que has tenido un día malo? A mí me ha tocado hacer un trabajo con Alicia y Rebecca, las dos tontitas que lo único que saben hacer es cuchichear y reírse». «Pobre Joel, tiene que trabajar con las niñitas», comentó en plan jocoso. La cosa fue a mayores y empezaron a pelearse y a insultarse el uno al otro.

Apartándose de la carretera, Karen les dijo de la forma más tranquila que pudo: «Callaos ya de una vez. Ya está bien. Siento mucho que hayáis tenido un mal día, pero como no dejéis de reñir, perderéis créditos». Viendo que su vida se desmonoraba por momentos, Neil dijo: «Total, me dan exactamente igual esos estúpidos créditos». «A mí también», agregó Joel.

Los dos hermanos se pasaron el resto del día discutiendo. Como ninguno de los dos padres era capaz de hacerlos callar, les avisaron de que ninguno de los dos iba a ganar créditos. Karen además les advirtió que hasta que no se volvieran a llevar bien, no les iba a hacer caso. Jesse añadió que esperaba ver todos los deberes terminados si querían quedarse despiertos un poco más para ver su programa favorito. Este mensaje surtió efecto. Neil le pidió a su hermano que le dejara en paz para que le diera tiempo a hacer sus deberes. Joel le contestó: «Si eres tú el que está molestando» y se puso corriendo a hacer sus deberes. Los dos terminaron todo a tiempo para ver el programa, aunque Jesse no estaba de humor para ver la televisión. Según el contrato, Neil y Joel habían ganado este privilegio. Sin embargo, Jesse estableció una regla. Les avisó de que si empezaban a discutir de nuevo, apagaría la televisión y se irían a la cama. La regla funcionó y los tres terminaron viendo el programa juntos.

Utilizando toda su moderación y calma, los dos padres fueron capaces de evitar una discusión con sus hijos. Ayudándose el uno al otro, pudieron mantener la cabeza fría y regirse por el contrato. Cuando hablábamos sobre aquel terrible martes, Jesse se dio cuenta de que en días con exámenes, especialmente de matemáticas, Noel perdía los papeles y lo pagaba con su hermano y sus padres. En un capítulo posterior, analizaremos cómo Karen y Jesse ayudaron a Neil a superar esa ansiedad ante los exámenes. Además, también veremos cómo trabajaron con Joel cuando le tocaba estudiar con chicas en proyectos o trabajos.

Lo importante es tener siempre presente el contrato, por muy hartos que estemos. Si no lo haces, estarás incluso más indefenso.

Afrontar los incumplimientos del contrato

En este momento ya eres consciente de la importancia que tiene cumplir los términos del contrato sin excepción. Después de haber visto cómo hay que comportarse cuando los hijos ponen a prueba el contrato o cuando se

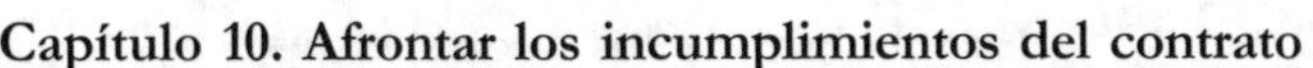

cometen fallos a la hora de cumplir las reglas, esta sección se centra ahora en los incumplimientos del contrato y en cómo tratarlos. Estas infracciones incluyen faltas leves, como que tu hijo llegue 10 minutos tarde, o faltas graves, como que tu hija llegue tres horas tarde y, lógicamente, con más de una copa de más. La forma de solucionar estos incumplimientos no sólo depende de la gravedad, sino también de la naturaleza crónica o aguda de la infracción. Además, también influye la forma con la que descubres esta infracción. Centrémonos pues en la utilización del contrato para frenar las infracciones. Debo reconocer que, dada la ingenuidad y creatividad de los adolescentes, estos ejemplos no son muy detallados, pero tal vez pueden servir de ayuda en situaciones en las que tu hijo haya infringido las reglas.

- **Confesar una infracción.** Serán muy pocas las ocasiones en las que tu hijo se te acerque para comentarte que ha incumplido el contrato. Aprovecha esta oportunidad para hablar con él sobre lo ocurrido. Si te confiesa un error suele ser señal de que está solicitando tu ayuda para poder evitar ese tipo de infracciones en el futuro.

  La primera vez que incumpla una regla y confiese es mejor empezar con una afirmación realista de que tu hijo incumplió una norma y que se le castigará según lo estipulado en el contrato. Luego deberías hacerle saber lo mucho que aprecias y valoras su confesión, y lo difícil que debe haberle resultado hablar de una cosa que ha hecho mal. El siguiente paso debería ser una conversación tranquila entre los dos en la que se aclare exactamente lo ocurrido y en la que tu hijo te diga cómo se siente. También podréis incluir en la conversación las distintas formas de afrontar este tipo de situación en un futuro.

  Margaret Bowles utilizó esta técnica cuando su hija Wendy le confesó que fumaba algunos cigarros al cabo del día. Margaret le dijo que, como había incumplido el contrato, las siguientes dos semanas tendría que volver a casa más temprano de lo habitual. Luego le confesó lo orgullosa que estaba de ella por haber sido honesta y le preguntó si le gustaría hablar de lo ocurrido. Wendy tenía muchas ganas de hablar, así que empezó diciendo: «Fue una tontería y no me gustaba cómo sabía. John estaba fumando y me ofreció un cigarro. Todos estaban fumando así que me animé a fumar uno. Aunque me mareé un poco y el cigarro olía fatal, me lo terminé e incluso fumé unas caladas del cigarrillo de Rachael. Sé que es una estupidez lo que hice». Después, madre e hija hablaron sobre cómo podía rechazar la próxima vez una invitación a fumar. Como a Wendy no le gustaba andar mucho con John o Rachael porque siempre intentaban que hiciera lo que no quería, decidió no estar más con ellos. Además, si en el futuro le ofrecían un cigarro, simplemente contestaría un «No, gracias» y evitaría la situación. Wendy le confesó a su madre que sabía que se meterían con ella en clase por no querer fumar, pero que eso lo podía controlar mejor.

- **Pillar una mentira.** Cuando tu hijo cometa una falta en el contrato, es muy probable que no abra la boca para que no te enteres de lo ocurrido y, así, intentar librarse del castigo. Te expongo un ejemplo de cómo reaccionó uno de mis clientes cuando descubrió que su hijo le había mentido sobre lo que había hecho el sábado por la noche.

  Georgia Upson llevaba utilizando el contrato durante varias semanas y estaba bastante contenta con los avances que estaba viendo en su hijo James de 14 años. Esto hizo que se sorprendiera mucho al descubrir que su hijo le había mentido sobre lo que había hecho el sábado por la noche. Enseguida pensó que debía arreglar esa situación lo antes posible. Cuando James llegó a casa del colegio, su madre le pidió que se sentara con ella porque tenía algo muy importante que decirle. James estaba aterrado. «¿Qué he hecho yo ahora?», «¿Se habrá enterado de la pequeña escapada del fin de semana pasado?», «¿Quién se lo ha podido decir?», se preguntaba.

  Su madre fue directa al grano: «James, he descubierto que me mentiste y que no te quedaste en casa de Neil, sino que te fuiste a casa de Gina, aprovechando que sus padres no estaban. Lo considero una infracción

grave del contrato y, para serte sincera, no creo que pueda confiar mucho en ti a partir de ahora. Estarás castigado sin salir por la noche los dos próximos fines de semana. Además, creo que deberíamos hablar del tema y de cómo podrías evitar que volviera a ocurrir. Me gustaría que me contaras lo que pasó».

Intentando desviar el tema, James hizo deprisa y corriendo estas preguntas: «¿Quién se ha chivado?, ¿Lo sabe la madre de Neil?, ¿Se lo vas a contar? Neil me va a matar si su madre se entera. ¿Lo sabe papá? ¿Qué me va a hacer?».

Inmune a esta estrategia, Georgia volvió a hacerle la misma pregunta: «James, ¿qué es lo que pasó?».

Al sentirse acorralado, James intentó defenderse: «No fue mi culpa y no fue idea mía. Neil inventó un plan para decirle a su madre que íbamos al cine porque estaba aburrido en casa y que volveríamos en un par de horas. La madre nos llevó en coche al cine, entramos, esperamos a que se fuera y, después, fuimos andando a casa de Gina. Había otra gente allí cuando llegamos, pero el ambiente era más aburrido que la casa de Neil. Así que nos dimos una vuelta y volvimos al cine para que la madre de Neil nos recogiera allí. No pasó nada. ¿Cuál es el problema?».

Antes, Georgia hubiera explotado en descalificaciones hacia su hijo por su falta de sentido común; sin embargo, esta vez simplemente respondió: «Gracias por contarme la verdad. Sé que no es fácil. Considero que lo que hiciste es muy grave por varias razones. Trataré de analizarlas lo más calmadamente posible y me gustaría que me escucharas sin interrumpirme. Podrás hablar cuando haya terminado. ¿Estamos de acuerdo?». Si no hubiera estado de acuerdo, Georgia le podría haber dicho algo como: «Entonces, vete a tu cuarto y no vuelvas hasta que estés dispuesto a escucharme. No olvidaré este tema hasta que no lo aclaremos. Estás castigado sin salir de casa excepto para ir a clase, así que lo mejor que puedes hacer es escucharme y solucionar esto». Pero James se mostró de acuerdo.

Georgia prosiguió: «Me mentiste sobre a dónde ibas. Nos iba bastante bien hasta ahora, pero las mentiras siempre acaban con la confianza. Te la tendrás que volver a ganar. Aunque no pasó nada, *pudo* haber pasado mucho. Sé que tú y Neil sois buenos chicos y que no os metéis en problemas, pero ir a casa de Gina sin que estuvieran sus padres y sin saber nosotros dónde estabas podría haber provocado muchísimos problemas. Además, dar un paseo por la noche y por calles oscuras no creo que sea una buena idea. En resumidas cuentas, que como no pasó nada, por esta vez, no se lo diré a la madre de Neil. Pero si descubro que tú y Neil cometéis otra estupidez, se lo diré a su madre y no podrás ver fuera del colegio a Neil durante un mes. Si quieres, le puedes contar tú mismo esta regla o puede venir aquí y lo hablamos los tres».

James decidió que él lo hablaría con Neil a solas. Durante la semana, James le contó a Neil que estaba castigado sin salir de casa por mentir a sus padres. Al parecer, el padre de Neil también se había enterado y le había castigado igualmente. Aunque James y Neil pensaban que sus padres habían sacado las cosas de quicio, prometieron ser sinceros con ellos y no volver a ir en secreto a casas de amigos.

Con este castigo, los padres de James y Neil querían dejar claro a sus hijos un mensaje: la mentira es inaceptable. También dedujeron que, con 14 años, sus hijos no eran aún maduros para decidir cómo pasar un sábado por la noche. Los dos seguían necesitando el apoyo de los padres.

Infracciones leves

Considero infracciones leves incumplimientos como llegar unos minutos tarde, olvidarse de llamar tal y como se había acordado, llegar tarde a clase o

sacar una mala nota en un examen. La primera vez que esto ocurra, lo mejor que puedes hacer es dar una pequeña advertencia de que si se vuelve a repetir le reducirás la hora de llegada. Si eso no evita que lo siga haciendo, puedes castigarle con no salir de casa una o dos noches.

Infracciones graves

Considero infracciones graves realizar actividades prohibidas tales como fumar, beber alcohol o tomar drogas. La promiscuidad, robar, gamberrear, engañar, ir a fiestas secretas, conducir sin permiso, molestar a los demás o meterse en peleas son también ejemplos de infracciones graves. También se puede incluir en esta categoría conducir bebido o montarse con alguien que vaya igual de bebido. Cuando te percates por primera vez de una infracción de este tipo, te recomiendo que sigas los siguientes consejos.

- **No te muestres extremadamente enfadado o alterado.** A menudo, los adolescentes se ven forzados por otros a probar cosas prohibidas, como fumar, beber alcohol o fumar marihuana. También pueden hacer cosas que empiezan sin la mayor importancia y terminan siendo infracciones graves. Por ejemplo, en un grupo de amigos, es fácil que los adolescentes conviertan una simple broma en un acto de destrucción o vandalismo. Recuerda que a los adolescentes la curiosidad les mata. Quieren probar cosas nuevas para saber cuál es el resultado. Hacer una vez algo que está prohibido no significa que lo vaya a hacer el resto de su vida.
- **Aclara cuál ha sido la infracción y cuál será la consecuencia.** Dile a tu hijo de una forma objetiva y práctica lo que hizo mal. Te recomiendo que recurras a dejarle sin salir un fin de semana como consecuencia de su mal comportamiento.
- **Deja claro que no quieres que se vuelva a repetir.** Hazle saber lo decepcionado que estás por lo ocurrido. Pregúntale si entiende tu

enfado. Si la respuesta es afirmativa, adopta una actitud positiva y muéstrale tu confianza en que no volverá a pasar. Dile que todos cometemos fallos y que, por eso, debemos aprender de ellos. Si no entiende tu enfado, explícale la razón por la que consideras errónea su acción, pero no intentes convencerle para que se muestre de acuerdo contigo.

- **Hablad sobre cómo evitar que se cometa otra infracción grave.** Analiza con tu hijo los pasos que podría haber dado para evitar el resultado final que se terminó dando. Si se muestra interesado, eso es fantástico. Estudiad juntos cómo se podría controlar una situación similar en el futuro. Si tu hijo no entiende dónde está el problema, no malgastes el tiempo convenciéndole de que ha cometido una infracción grave o intentando que admita que ha hecho algo mal. En su lugar, debes dejar claro que no importa desde qué perspectiva vea él las cosas, tu opinión es que ha hecho algo mal y que no quieres que vuelva a repetirse.

- **Da una idea general de los castigos aplicables si se vuelve a repetir la infracción.** Estos castigos pueden ser no salir de casa en mucho tiempo o no poder contactar con amigos durante cierto tiempo. También puedes decirle que si se vuelve a comportar mal, te reunirás con él y los amigos para comentarles que eres consciente de lo que están haciendo y que, si no rectifican, se lo tendrás que decir a sus padres. Con esto, les estás dando la oportunidad de parar por ellos mismos.

- **Si siguen produciéndose infracciones graves a pesar de los castigos, considera la idea de recurrir a ayuda profesional.** Si los castigos no parecen tener un efecto en tu hijo y sigue haciendo cosas prohibidas, deberías obtener ayuda profesional. Normalmente, en este tipo de situaciones, la familia es incapaz de cambiar los comportamientos.

> En los casos de infracciones graves crónicas, deberías acudir a un especialista para que determine cómo tratar el problema En un capítulo posterior se detallan las situaciones en las que es necesario recurrir a soluciones extremas. Si tu hijo muestra un comportamiento antisocial serio o crónico, es promiscuo sexualmente o abusa de las drogas, busca ayuda inmediatamente. Hablar de cómo puede cambiar tu hijo no es suficiente.

Siempre es preferible prevenir infracciones graves. Una forma de hacerlo es conseguir que tu hijo aprenda a responsabilizarse de su comportamiento. La siguiente parte de este libro afronta el tema de la responsabilidad personal mediante la presentación de una serie de programas para asentar los valores y resolver los problemas.

11

Enseñar responsabilidad personal

La función del contrato es facilitar a tu hijo una estructura *externa*. Mediante castigos y recompensas motivas a tu hijo a que actúe de forma responsable y cumpla las reglas familiares, educativas y de seguridad personal.

En este capítulo analizaremos cómo puedes ayudarle a que desarrolle su propia estructura *interna*.

Primero nos centraremos en una serie de consejos que le ayudarán a tener claros sus valores y, después, en los pasos que puede llevar a cabo para solucionar sus propios problemas.

Tener claros los valores

Tu hijo necesita un estímulo que le ayude a asumir y tener claros los valores y las normas en las que se basa un comportamiento responsable. El objetivo de este proceso es que tu hijo consiga tomar decisiones acertadas, desarrollar un buen juicio y comportarse de forma responsable.

Como la capacidad de comunicarte con tu hijo de forma efectiva es un requisito para este proceso, revisaremos rápidamente las técnicas de comunicación aprendidas hasta el momento.

Continuar la comunicación con tu hijo

Si has seguido todos los pasos mencionados en los capítulos anteriores, ya habrás hecho un gran avance en la comunicación con tu hijo.

Cuando leas los siguientes consejos, párate un momento a analizar si los estás siguiendo de forma correcta. Si crees que necesitas practicar más antes de embarcarte en la tarea que nos ocupa, tómate todo el tiempo que necesites. Vamos a dar un repaso rápido a algunas técnicas destinadas a crear una buena comunicación.

- **Di cosas positivas.** Cuando empezaste con el libro, tu primera tarea era decir algo agradable todos los días a cada miembro de la familia, así como pasar cierto tiempo escuchando atentamente a tu hijo y ofrecerle tu apoyo en lugar de criticarle o desbordarle con preguntas.
- **Escucha atentamente y ofrece tu apoyo.** Muéstrate predispuesto a escuchar tranquilamente a tu hijo cuando necesite hablar. Dale la oportunidad de explicarse en lugar de sacar conclusiones rápidas o asumir el peor de los casos. Hazle preguntas generales que muestren interés y que no vayan cargadas de amenazas. Deberás esperar las respuestas en vez de lanzar acusaciones.
- **No utilices palabras hirientes.** Recuerda la serie de consejos que vimos para eliminar la carga emocional de ciertas palabras que tu hijo utiliza para provocarte, así como las alternativas que existen para evitar que tú también las digas.
- **No seas crítico.** No sermonees a tu hijo ni le apliques adjetivos negativos generalizados y nada específicos, como inmaduro, irresponsable, irrespetuoso o mentiroso. Sustituye estas palabras por frases calmadas en las que indiques la consecuencia que corresponde a la infracción cometida.

- **Continúa los momentos de charla tranquilos y sin estructura.** No te olvides nunca de mantener estos buenos momentos, ya que permiten que tú y tu hijo disfrutéis el uno del otro. Estos intercambios son esenciales en la relación con tu hijo. Muéstrate siempre receptivo a escuchar cualquier cosa que te quiera contar. Disfrutad con un chiste o con una conversación sin pies ni cabeza. Al estar juntos de una forma positiva, estarás fortaleciendo los lazos con tu hijo. Veamos cómo puedes utilizar un poco de este tiempo para explorar los valores de tu hijo de una forma continuada.

Tener claros tus propios valores

Antes de poder ayudar a tu hijo a que tenga claros sus valores, primero debes asegurarte de que tienes claros los tuyos. Las reglas y los castigos que estás usando en el contrato están basados en tus valores; aún así, en esta coyuntura sería buena idea que analizaras más detenidamente tus propios valores y la influencia que éstos tienen en las normas establecidas para tu hijo. La mayoría de los padres no quiere que sus hijos engañen, mientan, roben, consuman drogas, fumen, beban alcohol o anden con la gente menos apropiada. No es probable que los padres estén totalmente de acuerdo sobre un comportamiento sexual aceptable, pero casi todos están en contra de la promiscuidad. Quieren evitar cualquier tipo de enfermedad en sus hijos y que se produzcan embarazos no deseados. Lógicamente, los padres deberían prohibir la violencia física de cualquier tipo. También debería estar prohibido el abuso dialéctico, como burlas con malas intenciones, la coacción, molestar a niños más pequeños e indefensos, los insultos y hacer cualquier comentario lleno de prejuicios o connotaciones racistas.

Cuando medites sobre tus propios valores, pregúntate *por qué* crees en lo que crees. Intenta ir más allá del simple «porque eso está bien» o «porque eso está mal». Si utilizas estas respuestas, tu hijo se desanimará muy pronto. Hazte esta pregunta: «¿*Por qué* pienso que está bien o está mal?».

El porqué de los valores

Un precepto subyacente en las consideraciones morales es respetar mis derechos y los derechos de los demás. Esta idea se debe llevar al comportamiento diario para darle significado y vida. Por ejemplo, respetar los derechos de uno mismo puede ser la base para decir no a un comportamiento dañino, ya sea físico (fumar, beber, drogas) o emocional (negarse a tolerar abuso dialéctico de sus compañeros). Mostrar empatía por los demás y respetar las distintas creencias, costumbres y religiones también refleja el respeto de los derechos de los demás.

Ayudar a tu hijo a que desarrolle sus propios valores

Todos los padres desean que sus hijos posean valores propios, pero ¿cómo ayudarles a conseguirlo? Los sermones pueden llegar a ser tentadores pero resultan ineficaces en la mayoría de las ocasiones. Darles total libertad a la hora de tomar decisiones suele terminar en desastre. Es fácil apoyar unos valores cuando hablamos, pero cuando se trata de cumplirlos, la tarea ya no es tan sencilla. Como padre, una de las responsabilidades más importantes que tienes es introducir valores en el día a día de tu hijo. Veamos algunas formas de hacerlo:

- **Sé un modelo a seguir para tu hijo.** ¿Practicas con el ejemplo? ¿Eres generoso con el prójimo? ¿Cuentas siempre la verdad? ¿Es legal todo lo que haces? ¿Eres un buen amigo? ¿Cumples tu palabra? Aunque pienses que tu hijo no se fija en ti, estás equivocado: lo hace y mucho. No tienes por qué ser perfecto, pero si te saltas tus propias normas, ¿qué puedes esperar de tu hijo? Cuando tengas la impresión de haber actuado de una forma contraria a tus normas, te aconsejo que lo hables con tu hijo. Si te encuentras en una situación en la que resulta difícil comportarse respetando la moral, háblalo también.

- **Relaciona valores con acontecimientos actuales.** En general, aprovecha cualquier oportunidad que tengas para hablar con tu hijo sobre los valores. Cuando lo hagas, elige temas relativamente neutros. En otras palabras, no empieces por temas como el sexo o las drogas. Tampoco seas alarmista. Respuestas y afirmaciones demasiado emocionales harán que tu hijo pierda el interés y que sienta ganas de discutir el punto de vista contrario. Por ejemplo, imaginemos que viste muchos adolescentes fumando en el recreo del instituto. Cuando analices esto con tu hijo, no pronuncies una sentencia definitiva ni te muestres alterado. Evita frases del tipo «Los adolescentes de ahora están descontrolados y se están suicidando al fumar cigarrillos todo el día. Parecen imbéciles. ¿No saben que están echando su vida a perder?». En su lugar, deberías empezar por algo así como «Me sorprendió mucho ver tantos adolescentes fumando hoy en el recreo. ¿Suele ser normal eso? ¿Se preocupa alguien en el instituto de ese tema? Supongo que esos chicos no habrán prestado mucha atención al programa antitabaco. ¿Qué piensas tú?».

- **Hablad sobre noticias o actividades de ocio.** Empieza esta vez también por temas neutros. La mejor situación es cuando tú y tu hijo habéis visto u oído algo juntos. A continuación, le haces una pregunta relacionada con ese tema. Anímale a que hable abiertamente y a que intervenga cuando quiera, sin ninguna crítica o juicio por tu parte. Mantén la conversación por cauces normales, concreta, actual e interesante. Puede que no estés de acuerdo con tu hijo. Si es así, expón tu punto de vista de forma tranquila y práctica.

  Algunos padres se muestran contrarios a este paso y es una auténtica pena. En lugar de participar activamente en la tarea de aclarar los valores, hay muchos padres que esperan a que sus hijos incumplan sus normas para castigarles. Los intercambios continuos entre padres e hijos sirven para que los adolescentes se formen unos valores internos, que con el tiempo tomarán como base para sus decisiones.

Cuando ya os sintáis cómodos hablando, pasar a temas más generales, como la ética de los atletas profesionales o cómo tratar a las mujeres; la descripción que se hace de la violencia y las drogas en el cine; cómo aborda la televisión el tema de la sexualidad de los adolescentes. Todo vale.

Por ejemplo, cuando veáis una serie sobre adolescentes, le podrías hacer preguntas del tipo: «¿Qué crees que debería haber hecho ella cuando él intentó besarla? ¿Crees que ella quería besarle? ¿Por qué se dejó besar? Convierte la pregunta en una conversación fluida sin ningún juicio de por medio. No busques la confrontación.

- **Utiliza situaciones de la vida real.** También puedes tratar una situación que hayáis vivido juntos. Recuerdo una vez que, llevando a mi hijo y a unos amigos suyos a un partido de fútbol, uno de ellos (le llamaré Ralph) empezó a hablar despectivamente de un determinado grupo étnico. Cuando dejamos a su compañero, le dije a mi hijo Sean lo mucho que me habían molestado los comentarios. Luego añadí: «Estuve a punto de decirle algo, pero al final no lo hice. Supongo que me di cuenta de que se limitaba a repetir las cosas que oía en casa a sus padres. Les he oído decir eso delante de mí, por lo que supongo que mis palabras hubieran servido de poco. ¿Qué opinas tú?». Estuvimos hablando un rato sobre las ventajas y los inconvenientes de enfrentarte a alguien en este tipo de situaciones y decidimos que no existían unas reglas claras y sencillas. Estuvimos de acuerdo en que el comportamiento de Ralph no fue de nuestro agrado, pero pensamos que enfrentarse a él en el coche no hubiera solucionado nada.

Otro método de enseñar valores es describir una situación que te pasó y hablar con tu hijo sobre ella. Nuevamente, la discusión debería centrarse en analizar los valores implicados. Por ejemplo, Heidi Furrow le contó esta situación a su hija Nancy: «Cuando me pasé por el colegio a dejar el acta de la reunión entre padres de alumnos y profesores, vi como unos muchachos se estaban metiendo con un niño más pequeño que ellos y que éste estaba llorando. Ya sabes lo

que pienso sobre eso. Les dije que le dejaran en paz enseguida. Después le conté al encargado lo que había visto. ¿Te parece a ti que soy una chivata?». Hablando de lo ocurrido, Nancy pensó que su madre no se había comportado como una chivata ya que estaban abusando de un niño.

- **Anima a tu hijo a que se dé cuenta de las necesidades de los demás.** ¿Cómo puedes hacer que un adolescente inmerso en sus vivencias y problemas se ponga a pensar en las necesidades de los demás? La mejor forma es experimentar directamente la sensación de estar ayudando al prójimo. Por ejemplo, cuidar a niños pequeños, dar clases particulares a chicos más jóvenes o ayudar a las personas mayores. Deja que sea él quien decida el tipo de actividad. Anímale a que al menos lo intente durante un mes o dos. De nuevo, muéstrate receptivo a escuchar lo que tenga que contar sobre sus experiencias. No incluyas recompensas para este tipo de actividades. Con el tiempo, la recompensa intrínseca de ayudar a los demás debería ser suficiente para continuar haciéndolo.

Cuando trabajes con tu hijo y le ayudes a saber cuáles son sus valores, también podéis hablar de las tentaciones que se le presentarán. Dile que comprendes la presión a la que seguramente sus compañeros le someterán para que haga algo que se supone no debe hacer. Aprovecha para aconsejarle que piense en varias respuestas que le podrían valer para salir airoso de la situación. Ayudar a que tu hijo planee cómo afrontar situaciones difíciles se enmarca dentro del tema de cómo solucionar los problemas, que analizamos a continuación.

Solucionar los problemas

Los valores constituyen los pilares del comportamiento y, por ello, deberían ser una referencia a la hora de solucionar los problemas. Que los adolescentes sepan solucionar sus problemas les puede ayudar a traducir los valores en una acción pragmática.

Aunque saber dar una solución a todos estos problemas puede llegar a ser una tarea ardua, los batacazos y los desvíos suelen ser el mejor método de aprendizaje.

En este capítulo expondremos un método para solucionar problemas en el que tu hijo y tú podréis trabajar. A medida que vaya aprendiendo a resolver sus problemas, adquirirá control sobre su comportamiento y se verá capaz de tomar decisiones correctas por sí mismo. Cuando tu hijo se implique en este proceso, sigue estas pautas.

Pautas

- **Trabajad juntos.** Tu hijo debería participar activamente en la solución de los problemas. Id al ritmo que él marque, respeta sus horarios, descansad cuando sea necesario y parad cuando él lo pida. Anímale a que se implique en el proceso de razonamiento y a que tome sus propias decisiones. No trates de solucionarle los problemas; guíale mientras él hace el trabajo.

- **Id lentamente.** Aunque implicarse por completo en un gran problema y solucionarlo inmediatamente puede ser tentador, esta técnica no suele dar buenos resultados porque todos se sienten desbordados por la magnitud de la tarea y terminan desistiendo. Un diálogo continuo es la única forma realista que tenéis de afrontarlo. Clasificar áreas confusas y llenas de conflictos es un proceso interminable que requiere una táctica precisa que incluya «descansos» (ya sea de minutos o de días) y donde cada participante recopila datos adicionales y adquiere un nuevo punto de vista.

- **Asegúrate de que es un buen momento para ti y para tu hijo.** Cuando hables con tu hijo de problemas, recuerda que padres e hijos no siempre están en la misma onda y que, en ocasiones, los padres eligen el peor momento posible para tratar de solucionar un tema. No es que los adolescentes no quieran hablar sobre esto; lo que ocurre

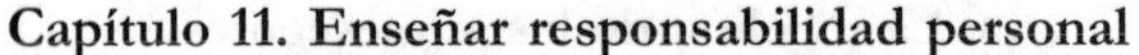

es que ellos quieren hacerlo a su propio ritmo y en el momento en el que se sienten con el humor suficiente para hacerlo. Empezar suave e ir lentamente es sumamente importante. Si fallas en tu primer intento, no desistas. Se trata de temas con mucha carga emocional que necesitan mucho tiempo y dedicación. Los adolescentes deben avisar a los padres cuando la conversación les está poniendo demasiado nerviosos y los padres deberían hacer lo mismo. Tomaos vuestro tiempo.

También te puede pillar a ti en un mal momento. Hay ocasiones en las que, por mucho que lo deseemos, estamos demasiado cansados o distraídos como para prestar la suficiente atención. Cuando te ocurra esto, debes hacérselo saber. Puedes decir: «Estoy tan cansado que no puedo ni hablar ni escuchar. Quiero saber lo que ha ocurrido, pero ¿podrías esperar un rato sólo?». Si finges estar escuchando, es muy difícil que puedas comprender los problemas de tu hijo. Puedes llegar incluso a reaccionar exageradamente, perder los papeles o soltarle a tu hijo un comentario como: «¿Y eso es un problema? ¿Quieres que te cuente *yo* los problemas que he tenido hoy?».

Con el tiempo, tu hijo puede dejar de contarte lo que le ha pasado y preguntarte si has tenido un mal día... ¡si quieres hablar con él sobre el tema!

Empezar

- **Hablad de sus quejas.** Antes de presentar los pasos del proceso de solución de problemas, asegúrate de que tu hijo no tiene problemas para hablar sobre todo aquello que le disgusta. Mientras habláis, es posible que tu hijo se queje sobre el día que ha tenido. Como respuesta a esto, escúchale y muéstrale tu apoyo. También puedes decirle que, si tú estuvieras en su situación, también estarías enfadado, confuso y frustrado, o que entiendes perfectamente cómo se siente.

- **Dale un toque positivo al día.** Te recomiendo que animes a tu hijo a que se fije en el lado bueno de las cosas. Hay muchas formas de hacer esto. Por ejemplo, tras haber dejado que tu hijo te cuente su queja o enfado, puedes decirle: «Parece que el día ha sido horrible pero te habrá pasado algo bueno, ¿no?». Si tu hijo se queda estupefacto ante tu salida y le resulta imposible contar algo positivo, podrías decirle: «Hay veces que, cuando he tenido un día malo, me esfuerzo en pensar en algo bueno que haya pasado. La verdad es que no puedo llegar a ser muy creativo en esos momentos, pero al final me acuerdo de algo bueno o, al menos, ni bueno ni malo. Tal vez esto te parezca una tontería, pero me anima». Algunos padres utilizan un sistema en el que sus hijos le ponen nota al día con una escala del 1 al 10, donde 1 significa peor imposible y 10 mejor imposible.

  La capacidad de diferenciar los aspectos positivos del día de los negativos y de tener una perspectiva más alegre de las cosas puede hacer que tu hijo solucione sus problemas con mayor motivación.

Proceso de solución de problemas

El proceso de solución de problemas que detallo más adelante explora la posibilidad de que tu hijo pueda mejorar una situación problemática. Se trata de un concepto aprendido y no de un punto de vista que tu hijo desarrolla automáticamente cuando se vuelve más maduro social o intelectualmente. De hecho, hay muchos adultos con muy poca capacidad para resolver problemas. Depende de vosotros, los padres, que vuestros hijos lleguen a aprender cómo solucionar sus problemas.

Si tu hijo está disgustado, pasa de escuchar a preguntar **.** Aunque algunos adolescentes, cuando tienen un problema, acuden directamente a los padres para que les ayuden a solucionarlo, esto debe ser la excepción y no la regla. En la mayoría de los casos, pasarás de escuchar las quejas de tu hijo a implementar los pasos para solucionar los problemas. Para iniciar este

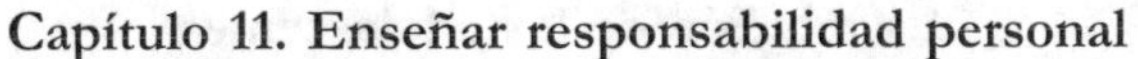

proceso, tras unos minutos de quejas, compadécete de la situación de tu hijo. También puedes decirle que tú también verías difícil la situación si estuvieras en su caso.

Reserva tiempo para hablar de lo que preocupa a tu hijo. Como siempre, la diplomacia y las palabras cuidadas son muy importantes en este momento. Di algo general como: «Parece que estás disgustado y no me gusta verte así. ¿Te apetece que hablemos?». Así le das la oportunidad de que te cuente lo que le ocurre, siempre y cuando él quiera.

No digas cosas que le quiten importancia al problema. Evita comentarios del tipo: «No creo que eso sea un problema», «Así es la vida; ya tendrás problemas peores» o «Me sorprende que no sepas solucionarlo». No aportes comentarios relacionados con cuál sería la solución al problema. Por ejemplo, si está preocupado por una mala nota, no vayas a decirle: «Eso no hubiera pasado si hubieras estudiado más y no hubieras salido tanto».

Si estás leyendo entre líneas y piensas que hay algo que le preocupa, acércate a él suavemente. Pregúntale: «¿Estás bien? Pareces un poco triste. Sólo quería saber si te pasaba algo».

Si tu hijo no está acostumbrado a preguntas de este tipo, puede responder como si le estuvieras acusando de algo. Nuevamente, avanza con pies de plomo. «Vale, parece que estás enfadado por algo del colegio o de los amigos. Hace tiempo que no veo a John. ¿No solías salir mucho con él?».

Si has dado en el clavo, no te sorprendas si oyes «John es un auténtico payaso y no quiero hablar de él».

Acepta que tu hijo quiera dejar la conversación. Es posible que tu hijo no esté preparado para hablar de sus preocupaciones. Si este es el caso, puedes decirle: «Vale. Me gustaría que me contaras todo lo que te preocupa. Me importas mucho. No me voy a enfadar sea lo que sea». Este es un terreno pantanoso, ya que lo tienes que decir de corazón. Tal vez no estés de acuerdo con lo que hizo; de hecho, es posible que no veas con buenos ojos lo que le preocupa. Puede llegar a disgustarte la razón de la preocupación, ya que puede implicar un comportamiento que no sea en absoluto de tu agrado. Por ejemplo, tu hijo puede contarte: «John es un cobarde. No quiso darme algunas respuestas en el examen. ¿Para qué están si no los amigos?». Por muy enfadado que esto pueda llegar a ponerte, debes controlarte ya que, de no hacerlo, habrás perdido la oportunidad de ayudarle a resolver el problema. Aunque en un principio no quiera hablar contigo, no te sorprendas si tu hijo saca a relucir el tema de John y quiera hablar de ello más tarde.

A veces, tu hijo sólo quiere o está preparado para el reconocimiento. Si dice: «No, no me apetece hablar del tema nunca más», contéstale: «Vale, pero si más tarde sí te apetece, estaré encantado de escucharte». No intentes sacarle detalles ni le acoses para que te cuente más. Si te ha contado algo que te ha molestado y estás preocupado por él, dile tranquilamente y, a la vez, pídele su confirmación de que no es un problema serio. Puedes decirle: «No voy a enfadarme, pero si se trata de algo serio, tengo que saberlo».

Averigua algunos detalles sobre lo ocurrido. Cuando tu hijo esté dispuesto a hablar, ayúdale a comentar lo que le preocupa, a describir lo ocurrido y su actuación ante el problema. Es posible que no haya pensado en sus actos y que sólo se haya fijado en los de los demás.

Puede contestar con algo general y lleno de contenido emocional. Si es así, ayúdale a aclararse y a llegar a alguna conclusión. Por ejemplo, puedes pedirle que se explique cuando hace un comentario general del tipo: «Todos me odian», «Los tíos no valen para nada», «Me da asco ir a clase» o «No lo aguanto más».

Desarrolla un plan de acción. Cuando tu hijo esté preparado para considerar las diversas formas de solucionar su problema, ten en mente las siguientes opciones:

- **No trates de solucionar tú mismo las cosas.** No importa lo tentador que sea, no resuelvas el problema a tu manera. Esta técnica no le hace ningún bien a tu hijo y no le enseña lo que necesita saber para enfrentarse solo a los problemas.

- **No hagas nada.** Para esas cosas anormales, inevitables y tontas que de vez en cuando pasan, lo mejor que se puede hacer es estarse quieto y olvidarlo. Por ejemplo, cuando tu hijo pasa por momentos embarazosos delante de amigos o compañeros de clase, como caérsele el estuche en clase o pisarse los cordones de los zapatos, la mejor solución es que le animes a que él mismo se ría de esa situación. Puede ayudarle que le cuentes una historia similar que te pasó a ti a su edad. A mis hijos les encantaba la historia de cuando en mi primer baile formal, se me cayó al suelo la combinación cuando estaba bailando con el chico del que estaba enamorada. Muerta de la vergüenza, la recogí y me la lleve al cuarto de baño.

- **Dale tiempo.** Hay algunos problemas, especialmente los relacionados con enfados entre amigos, que necesitan cierto tiempo para solucionarse. Los adolescentes, y muy particularmente las chicas, son famosos por ser los mejores amigos un día, enemigos a muerte al día siguiente y, después, amigos de nuevo. Si tu hijo está quejándose continuamente de un problema con un amigo y quiere hacer algo al respecto, eso es otro tema. Tú y tu hijo podéis considerar algunos de los siguientes planes de acción.

- **Ignora, deja y/o evita las situaciones irremediables.** Algunas situaciones a las que se enfrenta tu hijo son irremediables o inevitables. En estos casos, lo mejor que se puede hacer es ignorar la situación y evitarla en la medida de lo posible. Si tu hijo es el centro de críticas y ataques de los chicos más conocidos en el instituto, un contraataque seguramente no lleve a ningún sitio. Lo mejor sería que los evitara y que se buscara amigos de su misma edad y que fueran amables con él. Al hablar con tu hijo de quiénes son los chicos buenos del instituto y de cómo podría conocerlos, lo estás ayudando a desarrollar relaciones que son beneficiosas para él.

- **Analiza si se puede hacer algo.** Siempre puedes preguntarle a tu hijo si le gustaría mejorar las cosas. Puede haber decidido o puede

creer que no tiene solución alguna. Si te pide consejo, envíale palabras de apoyo y empatía. Por ejemplo, si tu hijo está harto de que Matt se esté metiendo con él todo el día, puedes decirle: «Parece que te enfurece que Matt se ría de ti. ¿Se te ocurre algo para cambiar esta situación?». Anímale a que piense en las siguientes opciones. Alejarse de Matt, evitar a Matt, ignorarle, contar hasta diez. Las posibilidades de que Matt cambie de actitud son remotas, por lo que quítale de la cabeza la idea de pedirle a Matt que deje de hacerlo de una vez. También podéis hablar de las razones que tiene Matt para hacer lo que hace. A veces, ayuda que los adolescentes se den cuenta de que este tipo de personas suelen ser infelices y amargados que lo pagan con los demás.

- **Sugiérele que se calme.** ¿Qué adolescente no pierde los estribos de vez en cuando y saca de sus casillas a un amigo, hermano o padre? Lo cierto es que tu hijo necesita una oportunidad para calmarse antes de hacer cualquier otra cosa. Obtener una disculpa de un adolescente enfadado nunca funciona, e incluso intentarlo empeora las cosas. De hecho, obligar a que tu hijo diga un «Lo siento» suele ser contraproducente en la mayoría de los casos. Cuando se les fuerza a decirlo, no suelen hacerlo sinceramente, por lo que los padres se enfadan aún más. Como padre, trata de seguir el camino más fácil. Hazle ver que te has enfadado mucho y que te gustaría arreglar las cosas y empezar de nuevo. Así, tu hijo guarda las apariencias y, al mismo tiempo, tú le adviertes que cambie su comportamiento. Si tu hijo está siempre enfadado o de mal humor, deberías considerar la idea de acudir a un experto en esta materia. Esta opción la analizaremos en el capítulo siguiente.
- **Anima a tu hijo a que tenga una mejor preparación.** A los adolescentes no les suele gustar mucho la idea de reconocer que, de haberse preparado más, podrían haber obtenido mejores resultados, especialmente en el tema de los estudios. Sin embargo, un mayor esfuerzo

en la preparación produce menos ansiedad y facilita las buenas notas. En el capítulo anterior hablamos de la familia Weber y de sus hijos Neil, que se alteraba cuando tenía un examen de matemáticas, y Joel, que se ponía a temblar cada vez que le tocaba hacer trabajos en grupo, sobre todo cuando había chicas de por medio. Cuando crearon el contrato, los padres, Karen y Jesse, siguieron todas estas pautas que acabamos de ver para que sus hijos solucionaran sus problemas.

En lugar de concentrarse en los resultados del examen de Neil, sus padres se centraron en mejorar sus conocimientos básicos de matemáticas. También hablaron de lo fácil que eran las matemáticas para algunos de sus compañeros, pero que no debía olvidar lo bien que se le daban a él las ciencias y el deporte. Analizaron lo mal que se sentía cuando su compañero Roger se burlaba de sus notas. Neil comentaba que eso le hacía sentir estúpido a él y al resto de la clase. También dijo que nadie de la clase soportaba a Roger por los comentarios que hacía. Con la ayuda del profesor de matemáticas de Neil y con su aprobación, los padres empezaron a hacerle exámenes de prueba en casa. Como ya se sentía bien ante los exámenes de casa, los del colegio dejaron de ser un problema. Y, como le comentó a sus padres, lo mejor de todo fue ser capaz de ignorar a Roger.

Prueba nuevas experiencias. Karen y Jesse Weber también utilizaron esa técnica para ayudar a Joel a superar el miedo a los proyectos en grupo, en especial cuando tenía que reunirse chicas. Primero, le ofrecieron un incentivo especial por participar en estos trabajos en grupo. Si Joel terminaba el proyecto, podría elegir el juego de ordenador que quisiese para que sus padres se lo comprasen. Se aseguraron de revisar el trabajo con él, así como cada tarea asignada. Animaron a que el grupo se reuniera de vez en cuando en su casa para controlar lo que cada uno estaba haciendo. Cuando Joel empezó a conocer a los miembros de su grupo, se dio cuenta de que no eran tan malos y cerrados como pensaba. De hecho, eran igual de tímidos que él. Con el tiempo, Joel dejó de quejarse de su grupo.

Aprovecha al máximo los momentos posteriores a los hechos. Hay problemas que ni tú ni tu hijo podéis resolver porque ya han ocurrido y la consecuencia ya venía determinada antes incluso de que tú te hubieras enterado. Por ejemplo, en mi caso nos ocurrió cuando mi hijo Mike estaba en el colegio. Nunca olvidaré la cara de terror con la que me dijo que le habían expulsado del colegio por un día.

Sin tener ni idea del crimen espantoso que había cometido mi normalmente tímido y reticente hijo, le dije: «Eso es horrible. Lo siento. ¿Qué ha pasado?» y me preparé para lo peor.

Continuamente provocado por Kate, una compañera de la clase de tecnología industrial, Mike le tiró sus gafas protectoras gritándole: «¡Cállate ya!». Como nunca había sido un prodigio de la puntería, las gafas pasaron de largo a Kate y terminaron en la rodilla enorme y fuerte de Tom. Desgraciadamente fue un mal lanzamiento. Arremetiendo contra Mike, Tom le dio un puñetazo en la barriga. El resultado: los dos fueron expulsados del centro por un día. Mike se disculpó ante Kate, la víctima inocente, que se libró del castigo.

Aunque pensaba que todo lo ocurrido era una tontería y que el castigo era totalmente injusto, decidí no intervenir. Mike tenía que sufrir las consecuencias de sus acciones y aprender de la experiencia.

Sin embargo, sí que le hice ver cómo sus acciones impulsivas podrían haber tenido consecuencias más graves. Analizamos juntos las formas de prevenir esta situación en un futuro. Mike encontró varios modos de proceder y creamos algunas reglas como, por ejemplo, «No lanzar nunca gafas o cualquier otra cosa, pase lo que pase» y «Mantenerse lejos de Tom y Kate». Mike se dio cuenta de que había cometido un error y pagó las consecuencias. Lo único que podía hacer era asegurarse de que no se volviera a repetir.

Preséntalo como un proceso que dura toda la vida. Solucionar problemas es un proceso continuo que nunca termina. Ser capaz de afrontar sus problemas es enriquecedor y aumenta las posibilidades de que tu hijo actúe de forma responsable.

Descubrir sus aspiraciones

¿Qué quieres ser de mayor? No debemos esperar una respuesta a esta pregunta en niños que se encuentren en el instituto. La adolescencia es un buen momento para ir probando un poco de aquí y un poco de allá. No esperes que tu hijo sepa lo que quiere hacer. (Después de todo, ¿no estamos aún nosotros haciéndonos la misma pregunta?). Si le va bien en los estudios, no le presiones demasiado. No esperes que sea lo que tú eres o lo que te gustaría haber sido. Sé sincero contigo mismo a este respecto. Si puedes hablar con tu hijo sobre las aspiraciones que tiene sin presionarle, la conversación será totalmente productiva y le abrirás los ojos. Deja que hable abiertamente de todo lo que le gustaría ser y hacer. No te enfades si menciona que quiere ser artista de circo, bombero, meterse espadas por la boca o ser abogado. Es muy recomendable explorar todas las opciones y es fantástico que un hijo pueda hacerlo y hablarlo con sus padres.

No te sorprendas si cada día le interesa una cosa distinta. Un año puede jugar al fútbol e ir al conservatorio, y al año siguiente, gustarle el baloncesto y el teatro. A medida que crezca, irá teniendo más claro sus intereses. Llegará a concentrarse en una o dos actividades. Sean cuales sean sus preferencias, alégrate por sus intereses y disfruta del viaje. Muy pronto, crecerá y se centrará.

Parte 5ª

Analizar los resultados, obtener ayuda profesional y mirar hacia el futuro

12

Evaluar el progreso realizado por tu hijo

Tras tres o cuatro meses de haber utilizado con éxito el contrato, llega el momento de evaluar el progreso de tu hijo. Hazte cada una de las preguntas que aparecen a lo largo de este capítulo y, al responderlas, recuerda que algunos cambios de comportamiento suelen requerir mucho tiempo. Así que si ese cambio aún no se ha producido en tu hijo, no te desanimes, sólo necesitas darle más tiempo al contrato.

¿Está tu hijo cumpliendo las reglas?

Si no recuerdas cómo era el comportamiento de tu hijo en un principio, puedes revisar el contrato de la primera semana. ¿Se comporta mejor que antes, tal y como querías? ¿Está cumpliendo las reglas, ganando puntos y disfrutando de actividades?

Veamos lo que ocurrió cuando mis clientes Elaine y George Brown compararon el comportamiento que su hijo Derek, de 14 años, tenía antes y después del contrato.

Cuando Elaine y George Brown repasaron el primer contrato de Derek, contemplaron sonrientes que en las últimas ocho semanas su hijo había mejorado en todos los aspectos, especialmente en su actitud hacia ellos. Antes del contrato, si le pedían que ayudara con los platos sucios o que ordenara su habitación, él les ignoraba y les prometía hacerlo más tarde. Alguna que otra vez, y cuando insistían, hacía un intento de llevar su plato a la cocina y después se iba directamente a ver la televisión. Afortunadamente, la posibilidad de obtener recompensas animó a Derek a ayudar más. Al haber puntos en juego, normalmente hacía lo que le decían sus padres y, a veces, incluso se ofrecía voluntario.

Elaine, George y yo estuvimos hablando de lo importante que fue ofrecerle incentivos en lugar de estar continuamente suplicándole que hiciera las cosas. El cambio fue tal que Derek ya no veía a sus padres como un incordio, sino como portadores de buenas noticias (el origen de las recompensas y comentarios positivos). En lugar de evitar a sus padres, ahora Derek empezaba a buscar su compañía.

¿Habla contigo y se muestra más abierto?

Tu hijo, al hablar contigo, debería ser más abierto y confiar más en ti. Piensa en las últimas conversaciones que hayas tenido con él. ¿Sois los dos capaces de hablar de sus experiencias y sentimientos positivos y negativos? Analicemos ahora cómo Curt y Kathy Judd utilizan sus charlas con su hija Carrie de 11 años para fomentar un diálogo bidireccional.

Carrie, una niña muy tímida y reservada, empezó a mostrarse más abierta y dispuesta a hablar con sus padres cuando éstos comenzaron a escucharla en lugar de interrogarla cada vez que llegaba de clase. Un día Carrie les contó que estaba contenta porque había conocido a una nueva chica, Janet, y que se lo habían pasado muy bien planeando lo que se pondrían para una acudir a una fiesta en el instituto. Cuando le preguntó a su madre si su nueva amiga podía pasarse por casa antes de ir a la fiesta, la respuesta de Kathy no se hizo esperar: «Por supuesto». Los padres estaban encantados de que su hija les contara sus cosas.

Curt, Kathy y yo también estuvimos comentando que este cambio en su actitud se debía principalmente a que habían dejado de interrumpirla, criticarla y molestarla. Ahora le demostraban su interés, esperaban a que ella decidiera el momento de hablar y hacían de las comidas unos momentos agradables. Esta atmósfera era la que Carrie necesitaba para mostrarse más abierta con sus padres.

¿Disfrutáis ahora más los unos de los otros?

Piensa en la relación que teníais antes del contrato y compárala con la de ahora. ¿Discutís y reñís menos ahora? ¿Hacéis más cosas juntos ahora? Veamos en esta ocasión cómo, gracias al contrato, los Sipe volvieron a hacer cosas juntos.

«¿Cenar con Ellen? ¿Estoy oyendo bien?», se preguntaba Shirley, la abuela de Ellen. La pobre no estaba acostumbrada a pasar más de cinco minutos en la misma habitación que Ellen, y mucho menos a cenar con ella y sus padres. Ellen mostraba una actitud tan negativa que habían dejado de hacer muchas cosas típicas de una familia. ¿Había cambiado en algo?, ¿había superado su actitud negativa?, eran las preguntas que no dejaba de hacerse Shirley. Como los padres llevaban un mes usando un contrato con Ellen y la mejora había sido espectacular, decidieron hacer una auténtica cena familiar con la abuela. Los padres avisaron a su hija con antelación para que, además, fuera ella quien eligiera el día que le viniera bien. Ellen se mostró conforme con la idea ya que después de la cena tenía la fiesta de cumpleaños de una de sus mejores amigas.

Tanto los padres como la abuela se percataron de que, sorprendentemente, a Ellen le agradaba la idea de la cena. Como después tenía que asistir a un acontecimiento muy importante, le resultó fácil llevarse bien con la familia durante unas horas.

¿Se esfuerza más tu hijo?

Animándole a que progrese con los deberes, estarás ayudando a tu hijo a que realice cierto esfuerzo extra. Como tu apoyo le sirve de aliento, seguramente no se rinda. Observa a tu hijo cuando haga los deberes y controla cuánto tiempo le dedica. ¿Pasa más tiempo estudiando desde que usáis el contrato? ¿Es capaz de concentrarse? ¿Le va bien en el colegio? Veamos ahora cómo mis clientes, los Howard, fomentaron en su hijo un mayor esfuerzo con los deberes mediante recompensas por un tiempo determinado de estudio.

Patrick Howard, de 14 años, siempre empezaba a hacer los deberes con entusiasmo. Pero a los pocos minutos, se desinflaba, se distraía y se quedaba mirando a las musarañas. Insistirle y sermonearle no servía de nada. Sin embargo, una vez que sus padres decidieron recompensarle por estudiar durante un período determinado, se sentía más predispuesto a sentarse a trabajar. Tal y como explicó a sus padres, aunque había veces que las tareas eran complicadas, el esfuerzo merecía la pena porque se sentía satisfecho terminando los deberes y sabiendo que le esperaba una recompensa.

Cuando Natalie, Trevor y yo estuvimos hablando sobre la mejora que se apreciaba en Patrick, éstos quedaron especialmente sorprendidos por lo orgulloso que se sentía su hijo de terminar sus deberes. Según el padre, Patrick casi siempre iba con una sonrisa de satisfacción en la cara. Los dos querían saber si el avance de Patrick era como para alegrarse. Les comenté que, cuando se trata de los deberes, es casi imposible que los padres estén muy contentos, sea cual sea la edad del hijo. Además de darle a Patrick una recompensa, debían seguir diciéndole lo contentos que estaban con sus progresos.

¿Ha aumentado la autoestima de tu hijo?

Muchas cosas de las que ocurren cuando tu hijo está implicado en un contrato contribuyen a que se sienta mejor con él mismo. Y lo más importante: cuando le reconozcas abiertamente su buen comportamiento, empezará a

sentirse mejor. Los adolescentes que escuchan las cosas positivas que hacen, en lugar de las negativas, aprenden a creer en ellos mismos. Empiezan a darse cuanta poco a poco que pueden hacer grandes cosas y que no siempre cometen errores. Como se acostumbran a escuchar elogios de sus padres, ellos mismos empiezan a animarse. Veamos cómo May, la hija de 15 años de Ammy y Jim Easton, reaccionó a los comentarios positivos de sus padres.

La primera vez que hablé con May, me quedó claro que ella tenía la impresión de que todo el mundo iba contra ella y que no podía hacer nada bien. Además, que su hermana pequeña Julie fuera «perfecta» empeoraba aún más las cosas. Nadie le gritaba ni le criticaba. Pero en cuanto May cometía un fallo, aunque sólo fuera pequeño, sus padres se lanzaban sobre ella.

Antes del contrato, May se sentía muy mal consigo misma. Pero en cuanto los padres empezaron a utilizar un contrato y dejaron de criticarla, sus elogios y ánimos subieron la autoestima de May. Los comentarios positivos que recibía de sus padres la ayudaban a reconocer las cosas que hacía bien, como llegar a casa a su hora, terminar los deberes y ayudar cuando se le pedía. Tras unos meses con el contrato en práctica, May me confesó que se sentía mucho mejor porque podía terminar las cosas que se proponía. Además, me comentó que sus padres habían sufrido un cambio de personalidad y su presencia era menos agobiante.

¿Puede tu hijo controlar su enfado?

Con el tiempo, el contrato debería ayudar a tu hijo a controlar su actitud cuando se enfade. Con suerte, le habrás enseñado a calmarse y será menos proclive a reaccionar de forma desorbitada. Además, tus técnicas disciplinarias, como hacerle venir antes de su hora o no dejarle salir de casa, le habrán animado a meditar antes de actuar de modo impulsivo. Veamos cómo una combinación de recompensas por buen comportamiento en el colegio y un recorte en la hora de llegada por pelearse ayudó a que Greg, hijo de Jack y Denise Holden, dejara de pelearse en el colegio.

Tras seis semanas de contrato en vigor, Greg, de 16 años, me comentó lo harto que estaba de que le castigaran por pelearse en el colegio. Pensaba que esos castigos eran totalmente injustos, ya que la mayoría de las veces no empezaba las peleas y, según sus propias palabras «sólo me estaba defendiendo». Pero a sus padres no les importaba de quién fuera la culpa. Si Greg se metía en peleas, le hacían volver una hora antes de lo normal todos los días de la semana y del fin de semana. Si ocurría lo mismo durante la semana, le castigaban sin salir una noche del fin de semana. Lo que también le incordiaba bastante es que sus padres siempre se enteraban de sus peleas. Fue entonces cuando Greg decidió dejarlas a un lado, porque lo único que hacían era traerle problemas. No merecían la pena. Estuvimos hablando de lo que podría hacer para evitar estos conflictos en un futuro. Juntos sacamos estas ideas. Greg debería evitar a todos los chicos con los que se había peleado. Necesitaba una respuesta para cuando lo provocaran. Necesitaba estar preparado para irse cuando empezaran una pelea. Tenía que decidir si podía soportar que le insultaran. ¿Podría no hacer caso a insultos como «gallina» o «mariquita»? Greg no estaba seguro, pero dijo que lo intentaría. Como Greg estaba acostumbrado a reaccionar con violencia en sus enfados, también debíamos hablar de lo que le molestaba y de cómo podría controlar su rabia y enfado. Aunque con algunos contratiempos, Greg se encontraba más contento sin las peleas. Además, había encontrado unos nuevos amigos que no respondían a la más mínima provocación. Este cambio en su actitud le sirvió para empezar a realizar actividades los fines de semana.

Para hacerte una idea de cómo controla tu hijo su comportamiento, compara la frecuencia de castigos actual con la de hace un mes o dos. Si tu hijo no está perdiendo puntos, ya no le quitas tantos privilegios y no le castigas tanto, es que está mejorando y aprendiendo a controlar su comportamiento.

¿Ha cambiado el punto de vista de tu hijo?

Cuando los padres ayudan y muestran su apoyo a los hijos, estos suelen estar mucho más tranquilos y felices. Cuando ya no les preocupa cometer

errores o las críticas por intentar hacer algo, su inquietud se reduce. Cuando se ven capacitados, ellos mismos se valoran más.

Si un adolescente considera su hogar un lugar donde se cumplen las promesas, eso es muy bueno. Tu hijo debería ya saber que cuando dices algo, lo estás diciendo en serio y lo vas a cumplir, ya sea una recompensa por buen comportamiento o un castigo por mala conducta. Esto ayudará a que, con el tiempo, exista confianza y respeto entre tú y tu hijo.

Cuando cumples tu palabra, estás creando un ambiente predecible y estable. En un mundo donde casi nada es predecible, tu hijo necesita de esta seguridad en el hogar, con unos padres que hacen lo que dicen y son justos y comprensivos. Un contrato basado en los aspectos positivos contribuirá a crear y mantener este tipo de ambiente en el hogar.

Lógicamente, un contrato no va a eliminar todo el estrés de la vida de tu hijo. Esto no es posible ni deseable, ya que no sería realista que tu hijo viera el mundo del color de rosa. Sin embargo, es bueno que disfrute ciertos momentos a medida que crece.

Hay situaciones en las que un contrato no es bastante y se necesita ayuda adicional. El siguiente capítulo aborda los casos en los que se requiere ayuda profesional.

13

Decidir si tu hijo necesita más ayuda

Aunque el contrato te ayuda bastante a la hora de corregir ciertos comportamientos en tu hijo, existen situaciones en las que es necesario recurrir a la ayuda profesional. No importa lo mucho que se esfuercen los padres, hay veces que las cosas se desmadran y se deben emprender otro tipo de acciones. Si tu hijo consume drogas, deja de ir a clase, se mete en continuos problemas, sufre trastornos alimentarios, suele estar triste, enfadado o ausente, habla sobre el suicidio o si tú y tu hijo no podéis estar muy cerca porque saltan chispas y os evitáis continuamente, debes buscar ayuda de un profesional.

Un primer paso sería hablar con su médico de cabecera, por ejemplo. Si no puedes localizarlo en mitad de la noche, llama a cualquier servicio de ayuda telefónica o al mismo hospital. Si estás asustado, confía en tus intuiciones. De hecho, debes pecar de precavido.

Si tras evaluar la situación, decides que tu hijo no ha avanzado todo lo que debiera, particularmente en ciertas áreas problemáticas, deberías plantearte la idea de la ayuda profesional. No debes sentirte mal porque tu hijo requiera la ayuda de otros; la mayoría de los adolescentes necesitan una ayuda especial de vez en cuando. Sin esta ayuda, hay problemas que no se pueden resolver.

Basándome en mi experiencia profesional, dado que cada adolescente y cada situación son únicos, puedo decir que no existen unas reglas claras y

concretas sobre cuándo deberías o no recurrir a esta ayuda. Para ayudarte en esta decisión, he incluido algunos ejemplos de lo ocurrido cuando mis clientes y yo barajábamos la idea de obtener ayuda para sus hijos. Como descubrirás, hubo ocasiones en las que simplemente les dimos un margen más amplio para que se solucionara el problema y, en otras ocasiones, hicimos algunos retoques en el contrato. Sin embargo, también hubo casos en los que se hizo necesaria la ayuda de un profesional. Espero que estos ejemplos te sirvan a la hora de tomar una decisión.

¿Cuándo necesitan los adolescentes ayuda profesional?

Dificultades con los deberes del colegio. Si tu hijo no se puede concentrar lo bastante como para poder terminar sus tareas o, por mucho que lo intente, no es capaz de estudiar lo que se le exige, deberías acudir a un profesional. Ciertas áreas, como la lectura o las matemáticas, pueden resultarle especialmente complicadas. Si tienes la sospecha de que tu hijo puede tener dificultades de aprendizaje, muéstrale tu preocupación a su profesor o jefe de estudios. Aunque muchas de estas dificultades se atajan antes de que un niño pase a la adolescencia, éste no siempre es el caso. Si tu hijo muestra con frecuencia dificultades con los deberes, no descartes la posibilidad de que tenga problemas de aprendizaje. El profesor de tu hijo puede recomendar una prueba que determine los factores que están interfiriendo en su aprendizaje. Como alternativa, también puedes recurrir a un profesor particular que le ayude con los deberes. Veamos cómo Joyce Mallet utilizó estas ideas para proporcionarle ayuda adicional a su hijo Steve, de 12 años.

> Aunque Joyce llevaba con el contrato unas pocas semanas, la aplicación de pequeños períodos de estudio no parecía de mucha ayuda a la hora de conseguir que Steve se sentara a trabajar durante más de 15 minutos. La frustración en Joyce iba aumentaba, y más teniendo en

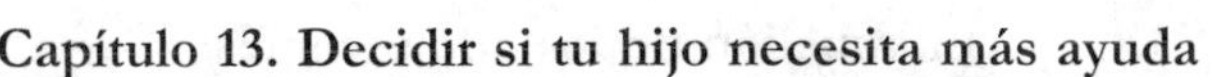

cuenta que esta técnica sí estaba dando buenos resultados en su hermana Patty, de 14 años. Joyce no sabía qué es lo que funcionaba mal con Steve. Para aclararlo, nos reunimos su madre, su profesor, su jefe de estudios y yo, y juntos decidimos que sería una buena idea que un psicólogo le hiciera unas pruebas a Steve para comprobar su nivel de lectura y determinar si padecía alguna dificultad de aprendizaje. Tras realizarle las pruebas, el psicólogo sugirió que un psiquiatra evaluara a Steve por si padecía un trastorno por déficit de atención. Eso hicimos, y su recomendación fue que Steve siguiera una medicación estimulante que solucionara su déficit de atención. Esta medicación ayudaría a que Steve fuera capaz de concentrase. El psiquiatra también recomendó clases particulares semanales y que se siguiera aplicando el contrato. Estas tres recomendaciones ayudaron a que Steve consiguiera mejorar su lectura y nivel de concentración. Recuerda que este trastorno, conocido como TDA (ADD, en sus siglas inglesas), no se detecta hasta que el niño alcanza los 10 años aproximadamente, edad en la que los estudios empiezan a ser algo más difíciles.

Comportamiento oposicional-desafiante y obstinado. Aunque la mayoría de los adolescentes pasan por momentos en los que se encierran en sí mismos y en los que parece imposible razonar con ellos, si tu hijo se niega siempre a hablar y/o llevarse bien contigo o con el resto de la familia, deberías acudir a un especialista. Si a pesar de tus continuos intentos para utilizar el contrato, tu hijo es incapaz de comprometerse e insiste en seguir su propia vida sin importarle nada ni nadie, acude a un pediatra. Fijémonos ahora cómo abordaron esta situación los Ralston.

Renee Ralston, de 12 años, y sus padres, Marty y Alex, estaban continuamente discutiendo. Los padres tenían la impresión de que su hija hacía lo que quería y que no aceptaba ningún compromiso. Antes de existir el contrato, siempre cedían para evitar así los enfrentamientos. Ahora, con el contrato, ellos ponían las reglas, recompensaban las buenas actitudes y establecían los límites. Aunque esto era de gran ayuda, seguía faltando la comunicación con su hija. Ellos intentaban ser lo más pacientes posibles, pero Renee siempre frustraba cualquier intento de acercamiento. Juntos decidimos que toda la familia se debería reunir para trabajar el tema de la comunicación. Accedí a reunirme a solas con Renee para que me contara su versión de la historia e intentar ayudarla a aceptar compromisos y ser más flexible. Las primeras semanas fueron muy duras, pero poco a poco y con un esfuerzo de todas las partes, el clima de entendimiento mejoró.

Depresión y pensamientos suicidas. Los adolescentes son famosos por sus cambios de humor. Pasan del éxtasis a la desesperación según sucesos importantes como, por ejemplo, si ha recibido una llamada de su nueva novia. Pero esto es normal. Un signo de depresión puede ser que tu hijo esté siempre triste, que no se dé valor a sí mismo, que duerma demasiado o que apenas descanse, que haga las cosas a un ritmo muy lento o que se queje de falta de energía. Además, también puede ocurrir que haya perdido el apetito o que su voz no transmita nada.

En algunas depresiones, tu hijo se puede sentir nervioso e hiperactivo, quizás con la intención de alejar ese sentimiento de pesadumbre. Incluso puede llegar a pensar o hablar de suicidio.

Aunque la depresión puede parecer un tipo de autocomplacencia, en realidad se trata de un trastorno serio y angustioso. En algunos casos, esta angustia es tal, que el suicidio parece ser la única solución. Nunca se me ha dado el caso en el que un adolescente echara mano de la depresión para manipular a sus padres. Y, con más o menos convicción, todos los adolescentes con depresión no veían solución alguna. Afortunadamente, y gracias a los actuales antidepresivos, existe más de una solución.

Si sospechas que tu hijo padece una depresión, acude al médico de cabecera para que te recomiende un psiquiatra especialista en depresiones. Si en algún momento tu hijo insinuó el suicidio, tu médico, el hospital o el servicio de emergencias deberían ser tu respuesta. Hazlo *ya.* Lo que tienes entre manos es un caso urgente. No es cierto que la gente que habla de suicidio al final no

se suicida. Lo que ocurre en realidad es que simplemente mantienen la esperanza de encontrar una solución. Ayúdales a encontrarla actuando inmediatamente. Los adolescentes que padecen depresiones suelen responder bien a la medicación con antidepresivos. Cualquier síntoma de depresión debe ser evaluado por un médico.

> Aunque Becky, de 15 años, estaba encantada con su contrato, su hermana Samantha, dos años mayor que ella, no tenía mucho interés en conseguir recompensas o actividades. Samantha parecía estar deprimida. Sus padres, Debbie y Ted, hicieron todo lo posible por animarla. Debbie se la llevaba de compras y le regalaba ropa y toda la música que le gustaba. Pero esto no tuvo el efecto deseado. Ni siquiera parecía alegrarse con la visita de sus amigas. Su madre y yo teníamos claro que a Samantha le pasaba algo. Cuando Samantha vino a hablar conmigo, me comentó que no sabía por qué estaba siempre tan cansada y triste. Su estado de ánimo me preocupó, por lo que sugerí que acudiera a un médico para saber si padecía algún problema físico que pudiera estar influyendo negativamente en ella. Un examen físico y un análisis de laboratorio revelaron que no tenía ningún problema físico. Tras consultar a un psiquiatra, se le empezó a administrar antidepresivos. Al cabo de un mes, los resultados eran palpables. Samantha continuó yendo al psiquiatra cada mes para que fuera controlando su evolución.

Si tu hijo parece deprimido, tómatelo en serio. La depresión es algo ajeno a la voluntad de los adolescentes. Aunque tu hijo tenga bajones temporales, cuando empiecen a ser continuos, busca ayuda profesional.

Ansiedad, timidez y miedo. Puede ser muy difícil para un padre tener un hijo que tiene siempre miedo a lo nuevo y que el temor se apodera de él a la mínima ocasión. Si tu hijo se asusta por todo, habla con el médico. Recuerda que este tipo de problema suele desaparecer si te armas de paciencia e introduces los cambios en tu hijo de forma gradual.

Mary Jo vino a mí para hablarme de los problemas de timidez y miedo en su hijo Bruce. Estaba a punto de pasar al instituto y ese cambio en su vida aumentaba su ansiedad. Como primer paso, decidimos que Bruce se fuera familiarizando con su nuevo entorno. Su madre y él fueron a ver el centro y pasearon por allí. Entraron en una clase vacía y se reunieron con el director. Más adelante, Bruce se llevó a su hermana Tammy y le explicó todo lo que había aprendido. Mary Jo estaba sorprendida por el éxito de esta técnica de exposición gradual a los cambios. Ya tenía pensado seguir utilizándola durante todo el año.

Trastornos alimentarios. Trastornos como la anorexia nerviosa o la bulimia deben ser siempre tratados por especialistas. La anorexia es una enfermedad en la que el adolescente se priva de comer lo suficiente. Si no se trata, puede llegar a causar la muerte. Si tu hija está extremadamente delgada, se ejercita continuamente y cuenta los bocados que le da a la comida, es posible que padezca esta enfermedad. Las chicas son propensas a preocuparse excesivamente por su imagen exterior, aspirando a ser tan altas y delgadas como las actrices y modelos del momento. Sin embargo, cuando empiezan a verse kilos de más cuando en realidad los kilos son de menos, tu intervención se hace indispensable. Si tu hija se harta de comida y después se purga o toma grandes dosis de laxantes para desprenderse de las calorías que acaba de ingerir, es muy probable que padezca bulimia y que necesite ayuda. Puede resultar complicado determinar si tu hija padece bulimia, ya que tal vez no muestre una delgadez anormal. Sin embargo, si tienes la mínima sospecha de que padece esta enfermedad, una visita al médico es crucial. Muéstrale tus preocupaciones al médico para que así él pueda entender bien los posibles síntomas físicos. Si detectara algún tipo de trastorno alimentario, tu hija debería comenzar un programa de tratamiento. Necesitarás que te aclaren lo que está ocurriendo. Según mi experiencia, un contrato que recompense comer bien no sirve en estos casos. No intentes solucionar por tu cuenta un problema tan complicado como la anorexia o la bulimia. La ayuda profesional es primordial.

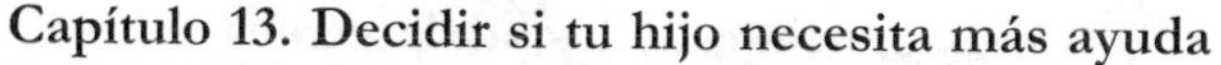

Falta de amigos. Si a pesar de tus esfuerzos, tu hijo no sabe hacer amigos y se siente muy deprimido porque no cae bien a nadie, es buena idea contar con la opinión de otros adultos que hayan pasado tiempo junto a él. Intenta descubrir qué es lo que hace para no gustar a los demás adolescentes y qué es lo que puedes hacer para ayudarle. Fíjate en él. Las habilidades sociales son un simple conjunto maquillado de comportamientos; te recomiendo que consideres un asesoramiento a corto plazo que le ayude a tu hijo a llevarse bien con otros adolescentes.

Comportamientos descontrolados y/o antisociales/adictivos. Si ni tus esfuerzos ni el contrato pueden evitar que tu hijo consuma drogas y/o alcohol, falte a clase, se relacione con gente poco recomendable, suspenda los exámenes, mantenga relaciones sexuales poco seguras o hable de homicidios u otro tipo de violencia, debes acudir a un profesional para que te ayude. Si tu hijo te miente, te roba o se mete en problemas serios de forma continuada, haz algo antes de que la próxima vez que le veas sea en la cárcel. Si necesitas esta ayuda, no significa que tú o tu hijo fallarais en un momento crucial de vuestra relación. Sólo significa que necesitáis ayuda. No te tapes los ojos ni pretendas creer que todo se va a solucionar por sí solo, porque en el 99% de los casos eso empeora las cosas. Hay ayuda a la que puedes acudir. Yo puedo decirte a quién llamar, pero tienes que ser tú quien llame. Hazlo por tu bien y por el de tu hijo.

Recuerda que depende de ti buscar ayuda cuando tu hijo la necesite. Si estás preocupado por él, no te lo guardes para ti. Háblalo con un amigo, que es quien puede darte comprensión y amabilidad. Y, por regla general, el primer paso es aconsejable que sea una consulta a tu médico. Él conocerá el crecimiento que ha tenido tu hijo y podrá evaluar los problemas y darles solución.

No importa a quien recurras, recuerda que los pediatras, los profesores, los psicólogos, los trabajadores sociales y demás profesionales están ahí para proporcionaros un servicio a ti y a tu hijo. No debes sentirte incómodo o pensar que le estás robando el tiempo a alguien. Si tienes una pregunta, formúlala y deja que hagan su trabajo dándote una respuesta.

Si decides buscar ayuda adicional, sé selectivo. Es importante que haya un buen clima con la gente con la que trabajas. Debes confiar en que ellos harán lo que más convenga. No olvides recordarles que estás utilizando un contrato. Explícales cómo funciona. No dejes de usarlo a menos que ellos te lo digan. Normalmente, la continuación del contrato hace que las demás ayudas tengan posibilidades de éxito, ya sea la terapia, una medicación, un asesoramiento, unas pruebas o un profesor particular.

Si crees que tu hijo necesita este tipo de ayuda por cualquiera de los problemas mencionados, consulta el apéndice C, donde encontrarás unas directrices generales y asociaciones a las que puedes acudir en un principio.

Sea cual sea tu decisión en este aspecto, no abandones la idea de un contrato, al menos no permanentemente. Un contrato positivo y proactivo con reglas y delimitaciones bien marcadas puede ser muy útil, independientemente de la gravedad del problema. El siguiente capítulo da unas directrices que podrás aplicar durante los años que dure el contrato.

14

El contrato con el tiempo

Mientras continúes utilizando el contrato de mes en mes y de año en año, sería conveniente que consultaras este libro de forma periódica para revisar temas como las reglas, las recompensas, la disciplina y el formato del contrato. Así te asegurarás de que el mismo cubre las necesidades de tu hijo y de tu familia. Además, te indico una serie de reglas generales que puedes seguir mientras esté funcionando el contrato.

Apoyar continuamente a tu hijo

Las recompensas, los elogios y los ánimos deben ser constantes. Aunque algún día dejes de usar el contrato, nunca debes olvidarte de lo esencial. Por ejemplo, haz que las recompensas por el buen comportamiento sean siempre una costumbre en ti. No te equivoques dando por seguro el buen comportamiento de tu hijo. Si dejas de decirle lo bien que hace las cosas, puede que termine no haciéndolas.

Asegúrate de que todos, tú incluido, tenéis un objetivo que conseguir. Estés o no utilizando un contrato, tu familia necesita cosas a las que aspirar. Planea actividades divertidas y placenteras que podáis hacer todos juntos.

No perder el contacto con tu hijo

Sigue teniendo momentos de charla con tu hijo y *no* pierdas la comunicación con él. No importa lo ocupado que estés, pasa todos los días algo de tiempo hablando con tu hijo. Si a nadie le apetece hablar, haced algo juntos que os guste a todos.

La mayoría de los adolescentes quieren hablar siempre y cuando no suponga estrés alguno y no haya demandas de por medio. Veamos cómo Rosa Pérez encontraba un momento para charlar con su hijo, a pesar de la apretada agenda de ambos.

> Aunque su familia se pasaba todo el día con cosas que hacer, Rosa se propuso mantener charlas diarias con su hija Dara, de 14 años. Había días en los que estos momentos se producían cuando la llevaba o la traía del colegio. Rosa siempre aprovechaba estas charlas para conectar con su hija. Por la mañana, siempre le preguntaba a Dara qué es lo que tenía que hacer durante el día. Cuando ya las dos se encontraban cómodas hablando la una con la otra, empezaban a emplear cierto humor en las conversaciones. Por ejemplo, Rosa le preguntaba cuál era su «lista de amenazas» para ese día. Dara le contestaba con códigos: una guerra era un examen y una batalla un parcial. Con el tiempo, desarrollaron su propio código que les permitía ver el humor en las situaciones más complicadas. Afortunadamente, Dara se sentía bien hablando con su madre, especialmente cuando tenía cosas que le preocupaban, porque podía contar con su apoyo y ayuda.

Tratar a tu hijo como la persona singular que es

No pierdas de vista la mezcla particular de virtudes y defectos que hay en tu hijo. No caigas en la tentación de comparar tu hijo con otros adolescentes.

Cada adolescente tiene su propia evolución. Tu hijo se puede desarrollar rápidamente en unos aspectos y en otros no. O puede que se desarrolle lentamente en casi todos los aspectos. Cada uno es diferente. No le presiones o esperes mucho de él en poco tiempo.

Dale a tu hijo el tiempo, la paciencia y los ánimos necesarios para que avance a su propio ritmo. Crecer implica un dominio gradual de ciertas habilidades. Asegúrate de ir despacio y de dar todo el tiempo necesario.

Tener paciencia con los problemas crónicos

Cuando se trate de costumbres negativas y arraigadas, haz uso de tu paciencia. En el contrato, puedes intentar recompensar una mejora en estos problemas crónicos con algo especial. Por ejemplo, si tu hijo tiene un largo historial de problemas con sus tareas del colegio, ofrécele una recompensa por terminarlas a tiempo.

Una vez que quede bien claro que la única forma de quedarse levantado hasta tarde es terminando los deberes, lo más probable es que se ponga a estudiar.

Elegir bien las batallas

No ataques todos los detalles que te molesten y no trates de corregirlos. Por regla general, no te metas en asuntos relacionados con gustos personales, como el pelo, la música, la ropa y la decoración del dormitorio.

No dudar en intervenir

Si tu hijo está metido en problemas, busca ayuda para sacarle de ellos antes de que sea demasiado tarde.

No renunciar a tu hijo

Tú eres su mejor esperanza. Sin ti, es un barco a la deriva. Haz todo lo que debas, pero no te olvides de él ni tires la toalla. Si tienes un día malo o una semana pésima, no te rindas. Recuerda que eso pasa en todas las familias. Cuando esto ocurra, es importante no perder la calma y comportarse con mesura. Habrá veces en las que no lo podrás evitar y, antes de darte cuenta, estarás gritando, dando alaridos, rindiéndote o despotricando. Cuando esto ocurra, discúlpate ante tu familia, explica por qué te equivocaste, comienza desde cero y mantén el contrato vivo. No pienses demasiado en los días malos. Están ahí para aprender de ellos y dejarlos en el pasado, que es donde deben estar. Analicemos ahora cómo mi cliente Roberto afrontó el tema del monopatín de su hijo.

> ¡Vaya día había tenido Roberto! Nada había ido bien en todo el día y, encima, volviendo a casa en coche, casi tiene un accidente. Así que cuando volvió a ver por enésima vez el monopatín de su hijo en la rampa del garaje, perdió el control. Cuando oyeron a su padre dando voces desde el coche, Juan y Anita sabían que se acababan de meter en problemas. A la velocidad de la luz quitaron el monopatín de la rampa, pero su padre seguía igual de alterado. Cuando entró en la casa, las voces continuaban y gritó: «¿Cómo podéis ser tan irresponsables y tener tan poca cabeza? ¿Sois incapaces de acordaros de tener las cosas en su sitio? ¿Es eso algo tan complicado? Estáis los dos castigados. Nada de televisión ni de amigos en un mes». Juan y Anita se metieron cada uno en su habitación. Su padre necesitaba un momento para tranquilizarse. En la cena, Roberto les explicó que había tenido un mal día y que el tema del monopatín había sido la gota que colmó el vaso. Pero después de reflexionar, reconoció que se había excedido y que el castigo era algo fuera de lugar. Juntos acordaron que si se volvían a dejar el monopatín en la rampa, no podrían utilizarlo al día siguiente. Una vez arregladas las cosas, se

reunieron todos y, sorprendentemente para él, pasó una noche estupenda con sus hijos. Cuando Roberto me contó esta historia, le felicité por ser capaz de pedir perdón a sus hijos y de arreglar una situación en la que se habían equivocado completamente. Le recordé que estos episodios son comunes en todos los padres de vez en cuando, y que lo más importante es reconocerlo y dejar las cosas claras.

No sorprenderse por que haya alguien poco convencido con la idea del contrato

Siempre parece haber un pariente o amigo contrario a la idea del contrato. La abuela de tu hijo puede insistir en que es una mala idea porque estás sobornando a tu hijo para que hagas cosas que debería hacer sin más. El tío de tu hijo puede comentar que estás mimándole demasiado con las recompensas y que no estás siendo todo lo estricto que deberías ser. Digan lo que digan, tú sigue con tu plan. Recuerda que tú sabes lo que le conviene a tu hijo, que es exactamente lo que estás haciendo. Eso es lo único importante.

Mantener el sentido del humor

Aunque educar a un adolescente sin un contrato positivo es una ardua tarea, creo que hacerlo sin ningún sentido del humor, es imposible. Encontrar cosas divertidas es una manera estupenda de no perder la perspectiva. Agudiza tu ingenio y provoca sonrisas.

El contrato siempre ayuda

Aunque dejes de utilizar el contrato una temporada, siempre puedes volver a implantarlo; su éxito está asegurado. No lo olvides pase el tiempo que pase. Si se da el caso de volver a necesitarlo, aplícalo y analiza sus beneficios.

Las celebraciones deben ser continuas

También recomiendo que padres e hijos por igual premien sus esfuerzos regularmente y que reconozcan el trabajo que están haciendo. Salid a comer todos juntos. Ved programas de televisión en grupo. Alquilad una película. Pasad cierto tiempo tranquilamente, compartiendo risas. Cuando menos te lo esperes, tu hijo estará viviendo solo, volviéndote loco con mensajes al móvil para contarte sus hazañas en la universidad o en el trabajo... pero por ahora eso es otra historia, ¿no?

Aprovecha que tienes aún a tu hijo en casa y que podéis todavía pasar tiempo juntos. Recuerda que hasta los mejores padres necesitan de toda la buena suerte del mundo para evitar que sus hijos les vuelvan locos. ¡Buena suerte!

Apéndice A

Copias de formularios

Copia estos formularios para utilizarlos cuando los necesites:

- Lista de control de las reglas del contrato.
- Lista de control de las recompensas del contrato.
- Sistema de recompensas del contrato.
- Lista de control de recompensas paternas.
- Hoja de trabajo de disciplina del contrato.
- Contrato exhaustivo: reglas de seguridad personal y educativas.
- Contrato exhaustivo: reglas familiares.
- Contrato general breve.
- Contrato limitado.

Lista de control de las reglas del contrato

Instrucciones: Elige las reglas que desees incluir en el contrato. Puedes utilizar el espacio libre al lado de cada regla para definirla de forma más concreta.

Reglas de seguridad

- ☐ Avisar con antelación de las actividades planeadas
- ☐ Llamar cuando se llegue del colegio
- ☐ Llegar a la hora establecida
- ☐ Realizar actividades acordadas:
  ____
  ____
  ____
  ____
- ☐ Otras reglas:
  ____
  ____

Reglas educativas

- ☐ Ser puntual
- ☐ Ir a todas las clases
- ☐ Portarse bien
- ☐ Hacer las tareas
- ☐ Aprobar los exámenes
- ☐ Otras reglas:
  ____
  ____

Reglas familiares

- ☐ Levantarse y arreglarse por la mañana
- ☐ Ordenar la habitación
- ☐ Ayudar en casa
- ☐ Llevarse bien con el resto de la familia (padres y hermanos)
- ☐ Cumplir con las obligaciones
- ☐ Portarse bien en las comidas
- ☐ Ir a la cama a la hora establecida
- ☐ Otras reglas:
  ____
  ____

Lista de control de las recompensas del contrato

Instrucciones: Señala las recompensas que estés dispuesto a incluir en el contrato. Recuerda que deberás concretar los detalles de cada una de ellas cuando negocies el contrato con tu hijo. Los espacios en blanco los puedes utilizar para incluir recompensas que se os ocurran a ti o a tu hijo durante las negociaciones.

Recompensas para los días de diario

Actividades

- ☐ 15 minutos de tiempo libre
- ☐ Hablar por teléfono
- ☐ Jugar en el ordenador
- ☐ Escuchar música
- ☐ Ver la televisión
- ☐ ______________________
- ☐ ______________________
- ☐ ______________________
- ☐ ______________________

Actividades para la tarde después del colegio

- ☐ ______________________
- ☐ ______________________
- ☐ ______________________

Hora de acostarse

- ☐ Quedarse 30 minutos más tarde
- ☐ ______________________

Puntos

- ☐ Cambiar por dinero
- ☐ Cambiar por ayuda económica para actividades o compras futuras
- ☐ ______________________

Recompensas para los fines de semana

Actividades para la tarde

- ☐ Ir a casa de amigos
- ☐ Invitar a amigo(s) a casa
- ☐ Ir al centro comercial
- ☐ Ver una película
- ☐ Ir de compras
- ☐ Ir a una fiesta
- ☐ Ir en coche a algún lado
- ☐ Conducir el coche
- ☐ Otras actividades de ocio
- ☐ ______________________
- ☐ ______________________
- ☐ Hacer una compra
- ☐ ______________________
- ☐ ______________________

Recompensas mensuales

- ☐ ______________________
- ☐ ______________________

Sistema de recompensas del contrato

Instrucciones: Señala junto a cada regla del contrato el tipo o número de recompensas que se pueden ganar.

Cumplir las reglas educativas y de seguridad personal

= ___ actividades diarias
= ___ actividades de fin de semana
Estas actividades las elegiréis tú y tu hijo semanalmente.

Bonus por los deberes

Hacer las tareas durante ___ minutos = ___ minutos de tiempo libre o ___ puntos.
Terminar las tareas = acostarse ___minutos más tarde o ___ puntos.
Evitar las prisas de última hora = ___ puntos.

Cumplir las reglas familiares

Levantarse temprano por la mañana = ___punto(s).
Ordenar la habitación antes de las ___de la tarde = ___punto(s).
Colaborar en casa = ___ punto(s) por cada tarea.
No discutir con los padres por la mañana, por la tarde, a la hora de la cena y por la noche = ___ punto(s) por cada período de tiempo.
No discutir con los hermanos por la mañana, por la tarde, a la hora de la cena y por la noche = ___ punto(s) por cada período de tiempo.
Cumplir las obligaciones = ___ punto(s) por cada una.
Portarse bien en las comidas = ___ punto(s).
Ir a la cama a la hora establecida = ___ punto(s)

Otras reglas

_______________ = ___punto(s).
_______________ = ___punto(s).
Cada punto = ___céntimos.
= ___crédito(s) para una actividad.
= ___crédito(s) para una compra.

Tú y tu hijo decidiréis juntos las actividades y las compras que se pueden ganar con los puntos. También negociaréis los puntos o créditos necesarios para cada actividad o compra.

Lista de control de recompensas paternas

Instrucciones: La siguiente lista incluye recompensas de las que los padres pueden disfrutar. Señala las actividades y cosas que te gustarían como recompensas. Añade cualquier otra de la que te acuerdes.

Recompensas diarias

- ☐ Dar un paseo, hacer ejercicio.
- ☐ Ver la televisión, escribir una carta, hablar con un amigo o escuchar música.
- ☐ Leer un libro, leer el periódico, ver una revista.
- ☐ Utilizar el ordenador, aprender algo nuevo.
- ☐ Cocinar, coser, cuidar las flores.
- ☐ Estudiar mejoras en la casa o en el coche.
- ☐ No hacer nada durante un rato.
- ☐ Otro.

Recompensas semanales

- ☐ Intentar «desconectar» durante unas horas, ir a algún sitio, hacer algo.
- ☐ Salir a cenar, ir al cine, ir de compras.
- ☐ Hacer deporte, dar un largo paseo.
- ☐ Hacer algo divertido o no hacer nada.
- ☐ Otro.

Hoja de trabajo de disciplina del contrato

Instrucciones: Señala todas las reglas que consideres que tu hijo no será capaz de cumplir. Anota las técnicas disciplinarias que tienes pensado utilizar. Recuerda que, siempre que sea posible, debes emplear la técnica de no hacer caso, las advertencias y la retención de una recompensa antes de recurrir a medidas más severas como la prohibición de una actividad, la restricción de la hora de llegada o el propio castigo.

No cumplir las reglas de seguridad personal

- ☐ No avisar de los planes con antelación
- ☐ No llamar al llegar a casa del colegio
- ☐ No dedicarse a las actividades acordadas
- ☐ No cumplir otras reglas

No cumplir las reglas educativas

- ☐ No ser puntual
- ☐ No acudir a todas las clases
- ☐ No portarse bien
- ☐ No hacer las tareas a tiempo
- ☐ No aprobar los exámenes
- ☐ No cumplir otras reglas

No cumplir las reglas familiares

- ☐ No estar preparado por la mañana
- ☐ No ordenar la habitación
- ☐ No ayudar en casa
- ☐ No llevarse bien con los padres
- ☐ No llevarse bien con los hermanos
- ☐ No cumplir con las obligaciones
- ☐ No comportarse durante las comidas
- ☐ No acostarse a la hora establecida
- ☐ No cumplir otras reglas

Contrato exhaustivo

Reglas de seguridad personal y educativas

Reglas de seguridad personal

- ☐ Avisar con antelación de los planes
- ☐ Llamar cuando llegue del colegio
- ☐ Ser puntual con la hora de llegada a casa
- ☐ Participar en actividades acordadas

____
____
____
____

- ☐ Otras reglas:

____
____

L	M	X	J	V	S	D

Reglas educativas

- ☐ Ser puntual
- ☐ Ir a todas las clases
- ☐ Portarse bien
- ☐ Terminar las tareas con tiempo
- ☐ Aprobar los exámenes
- ☐ Otras reglas:

____
____

L	M	X	J	V	S	D

Cumplir con todas las reglas de seguridad personal y educativas supone ganar el privilegio de participar en ___ actividades después del colegio y en ___ actividades de fines de semana. Las actividades posibles para esta semana son:

Actividades de días de diario: ______________________________

Actividades de fines de semana: ______________________________

Bonus por cumplir las reglas educativas:

Hacer los deberes o pasar tiempo estudiando o leyendo durante ___ minutos = ___ minutos de tiempo libre o ___ puntos.

Terminar los deberes supone irse a la cama ___ minutos más tarde o ___ puntos.

Planificarse el trabajo y terminarlo sin prisas de última hora = ___ puntos.

Yo, ____________________, me comprometo a cumplir las reglas de este contrato, a cambio de lo cual, seré recompensado según se especifica en el mismo.

Firma ______________________________ Fecha ____________________

Yo/Nosotros, ____________________, padre(s) de ______________, me comprometo/nos comprometemos a cumplir los términos de este contrato y a dar las compensaciones necesarias según se regula en el mismo.

Firma ______________________________ Fecha ____________________

Contrato exhaustivo (Reglas familiares)

Reglas familiares	L	M	X	J	V	S	D
☐ Levantarse y prepararse por la mañana =___punto(s)							
☐ Ordenar la habitación =___punto(s)							
☐ Otras tareas:							
________________ =___punto(s)							
________________ =___punto(s)							
________________ =___punto(s)							
☐ Llevarse bien con los padres							
Mañana =___punto(s)							
Tarde =___punto(s)							
Noche =___punto(s)							
☐ Llevarse bien con los hermanos							
Mañana =___punto(s)							
Tarde =___punto(s)							
Noche =___punto(s)							
☐ Cumplir las obligaciones =___punto(s)							
☐ Comportarse en las comidas =___punto(s)							
☐ Ir a la cama a la hora establecida =___punto(s)							
☐ Otras reglas:							
________________________							
________________________							

Puntos totales ganados por día: ________________________

Puntos totales ganados por semana: ____________________

Valor de los puntos: 1 punto =___céntimos/___ créditos para actividades/compras

Ideas sobre cómo gastar los puntos:

Tiempo libre:___minutos tiempo libre cuesta___puntos

Actividad futura y coste en créditos:

____________________________ cuesta___créditos.

____________________________ cuesta___créditos.

Futura compra y coste en créditos:

____________________________ cuesta___créditos.

____________________________ cuesta___créditos.

Yo, ______________, me comprometo a cumplir las reglas de este contrato, a cambio de lo cual, seré recompensado según se especifica en el mismo.

Firma ________________________ Fecha ____________________

Yo/Nosotros, ______________, padre(s) de ______________, me comprometo/nos comprometemos a cumplir los términos de este contrato y a dar las compensaciones necesarias según se regula en el mismo.

Firma ________________________ Fecha ____________________

Contrato general breve

Yo, ________________________, me comprometo a cumplir:

las reglas de seguridad personal
las reglas educativas
y las reglas familiares

a cambio de lo cual, se me permitirá:

continuar disfrutando de las actividades aprobadas
y encargarme de mi propia planificación

Firma ______________________ Fecha____________________________

Yo/Nosotros, ____ padre(s) de, ________________________________ me comprometo/nos comprometemos acatar los términos de este contrato.

Firma__________________________ Fecha ___________________________

Contrato limitado

Yo, ______________________________, me comprometo a hacer lo siguiente: _____________________, a cambio de lo cual seré recompensado según se indica a continuación: ____
Firma __________________________ Fecha __________________________
Yo/Nosotros, ____, padre(s) de ______________________________, me comprometo/nos comprometemos a ofrecer la recompensa expuesta anteriormente a condición de que ____________________ haga lo siguiente: _____________________________________
Firma __________________________ Fecha __________________________

Apéndice B

Lecturas complementarias

Sobre el desarrollo de los adolescentes

El siguiente libro lo considero la mejor fuente de referencia sobre el desarrollo físico, psicológico y social en los adolescentes. Su lectura es sencilla y comprensible y, además, está lleno de ideas geniales e información muy útil.

Steinberg, Lawrence y Ann Levine. *You and Your Adolescent: A Parents Guide for Ages 10-20.* Nueva York: Harper Perennial, 1997.

Otras dos buenas fuentes que analizan las etapas y el desarrollo de los adolescentes son:

Elkind, David. *All Grown Up and No Place to Go: Teenagers in Crisis.* Reading, Massachusetts: Addison-Wesley, 1998.

Riera, Michael. *Uncommon Sense for Parents with Teenagers.* Berkeley, California: Celestial Arts, 1995.

Sobre la disciplina con los adolescentes

Estos libros ofrecen consejos para afrontar con métodos prácticos los problemas comunes e irritantes propios de los adolescentes. Se centran en cómo corregir a los adolescentes una vez surgen los problemas. Prestan menos atención a las técnicas para prevenir o reducir los problemas antes de que ocurran.

Fleming, Don. *How to Stop the Battle with Your Teenager: A Practical Guide to Solving Everyday Problems.* Nueva York: A Fireside Book, 1993.

Horn, Wade y Carol Keough. *Better Homes and Gardens New Teen Book: An A-Z Guide for Parents of 9-16 Year Olds.* Des Moines, Iowa: Meredith Books, 1999.

Kelly, Kate. *The Complete Idiots Guide to Parenting a Teenager.* Nueva York: Alpha Books, 1996.

Phelan, Thomas. Surviving Your Adolescents: How to Manage and Let Go of Your 13-18 Year Olds. Glen Ellyn, Illinois: Child Management Inc., 1994.

Sobre la enseñanza de responsabilidad personal

Eastman, M. *Taming the Dragon in Your Child: Solutions for Breaking the Cycle of Family Anger.* Nueva York: John Wiley & Sons, Inc., 1994. Este libro se centra en los orígenes de la rabia en tu hijo y cómo anticiparte a ella y anularla.

Langford, Laurie. *The Big Talk: Talking to Your Child About Sex and Dating.* Nueva York: John Wiley & Sons, Inc., 1998. Este libro muestra a los padres cómo mantener conversaciones cálidas y fructíferas con los hijos acerca de la pubertad, las citas, las relaciones y el sexo.

Lickona, Thomas. *Raising Good Children: From Birth Through the Teenage Years.* Nueva York: Bantam Books, 1994. Este libro explora cómo ayudar a tu hijo para que desarrolle un sentido arraigado de la honestidad, la educación y el respeto por los demás.

Windell, James. *Six Steps to an Emotionally Intelligent Teenager.* Nueva York: John Wiley & Sons, Inc., 1999. El objetivo de este libro es desarrollar las habilidades sociales de los adolescentes, cómo tener una buena sintonía con los demás, controlar la furia y solucionar los conflictos por uno mismo.

Sobre el tratamiento de problemas específicos

El enfoque de estos libros es más clínico, ya que detallan los tratamientos para los trastornos psicológicos graves.

Kastner, Laura y Jennifer Wyatt. *The Seven-Year Stretch: How Families Work Together to Grow Through Adolescence.* Boston: Houghton Mifflin Company, 1997. Este libro analiza los factores que influyen en el desarrollo de los adolescentes funcionales frente a los disfuncionales.

Pipher, Mary. *Reviving Ophelia: Saving the Selves of Adolescent Girls.* Nueva York: Ballantine Books, 1994. Este libro detalla la anorexia y la bulimia.

Sells, *Scott. Treating the Tough Adolescent: A Family-Based, Step-by-Step Guide.* Nueva York: The Guilford Press, 1998. Este libro es muy recomendable para los padres con hijos descontrolados y para los médicos que trabajan con adolescentes antisociales o drogadictos.

Sobre el uso de un enfoque similar para niños más pequeños

Si tienes niños que aún no han pasado por la adolescencia y te gustaría utilizar una técnica similar al contrato proactivo basado en el buen comportamiento para adolescentes, te recomiendo mi primer libro, *How to keep your kids from driving you crazy*, publicado por John Wiley & Sons, Inc. en 1997. Este libro te enseñará los pasos que debes dar en el proceso de creación de un juego de conducta para niños entre los dos y los doce años. Aprenderás cómo motivarles a que se comporten mejor, a que se lleven bien con los demás y a que los malos comportamientos sean menos frecuentes. Al igual que los contratos de este libro, el juego de conducta está basado en estudios científicos y en mi larga experiencia de 25 años como psicóloga clínica y madre de dos niños. Miles de familias han descubierto que el juego de conducta es divertido y eficaz a la hora de mejorar el comportamiento de los niños.

Apéndice C

Obtener ayuda profesional

Seguramente, encontrar un profesional que pueda ayudar a tu hijo te robará tiempo y esfuerzos. En mi trabajo como psicóloga, me he dado cuenta de que no importa lo elaborado y completo que haga un sistema de referencia, ya que tengo que ampliarlo y reelaborarlo constantemente. En parte es porque mis clientes tienen necesidades continuas y distintas y, en parte, es también porque los recursos existentes varían de un día para otro.

Por regla general, no te precipites en el proceso de búsqueda de ayuda. Reflexiona y calibra las opciones disponibles para poder decidirte por el mejor sistema para empezar. Sin embargo, si estás ante una emergencia, una situación acuciante en la que existe peligro para tu hijo o para otros, como un comportamiento suicida, haz algo ya. Llama a tu médico o al hospital.

Como habrás visto en el capítulo 13, el mejor sitio por donde empezar la búsqueda suele ser por los profesionales que actualmente están en contacto con tu hijo. Pídele a tu médico consejos y asesoramiento.

Si no lo tiene muy claro, ponte en contacto con el profesor de tu hijo o su jefe de estudios. Muchos padres consideran muy útil charlar con amigos, especialmente con aquellos que ya han acudido a un especialista por problemas similares.

La guía de teléfonos también puede ser muy útil. Ya hay muchas con secciones para servicios de salud mental y teléfonos de urgencia. Estas guías actualizadas de servicios pueden suponer un buen punto inicial en tu búsqueda.

Si existe una asociación relacionada con la salud mental a la que puedas acudir, sería un buen sitio para contactos y referencias. Si no encuentras nada a este nivel, prueba con asociaciones a nivel nacional o regional. Estas organizaciones ofrecen listados de especialistas en instituciones.

Estas son algunas de las asociaciones que pueden ayudarte en España:

Asociación Española de Pediatría
Calle de Villanueva, 11
28001 Madrid
Teléfono: 914 354 916
www.aeped.es

Colegio Oficial de Psicólogos
Conde de Peñalver, 45
28006 Madrid
Teléfono: 913 095 614
www.cop.es

Consejo General de Colegios Oficiales de Diplomados en Trabajo Social y Asistentes Sociales
Calle Campomanes, 10, 1º
28013 Madrid
Teléfono: 915 415 776 / 777
www.cgtrabajosocial.es

Sociedad Española de Pediatría
Calle Severo Ochoa, 2
28760 Tres Cantos – Madrid
Teléfono: 918 075 678
www.sepsiquiatria.org

Asociación para la Dislexia y otros Problemas de Aprendizaje
Calle Brea de Aragón, 3
28224 Pozuelo de Alarcón – Madrid

Teléfono: 917 157 051
www.dislexia.net

Asociación de Niños con Síndrome de Hiperactividad y Déficit de Atención (ANSHDA)
Calle San Emilio, 16 Pst. Antonio Pirala
28017 Madrid
Teléfono: 913 560 207
www.anshda.org

Fundación Europea GABA (Grupo de Autoayuda en Bulimia y Anorexia Nerviosa)
Delegación en España de la Asociación de Lucha Contra Bulimia y Anorexia (ALUBA)
Calle Sicilia 93/97, 2ª Planta
08013 Barcelona
Teléfono: 932 453 525
www.aluba.org

Afronta el problema y no esperes a que las cosas se resuelvan por sí solas. Si tu hijo necesita ayuda, dásela.

Ten paciencia, creatividad, persistencia y optimismo en la búsqueda. La ayuda está a la vuelta de la esquina. Buena suerte. He cruzado los dedos y sé que seguirás buscando, porque, después de todo, tu hijo se lo merece.

Apéndice D

Las bases del contrato

Los siguientes libros y artículos me ayudaron en la elaboración del contrato positivo y proactivo descrito en este libro. Estas referencias contienen estudios de investigación, estudios de casos clínicos y datos estadísticos actuales, todos los cuales influyeron en este libro.

BANDURA, A. *Social Foundations of Thought and Action: A Social Cognitive Theory*. Englewood Cliffs, Nueva Jersey: Prentice Hall, 1986.

BANDURA, A. *Social Learning Theory*. Englewood Cliffs, Nueva Jersey: Prentice Hall, 1977.

KANTROWITZ, BARBARA Y PAT WINGERT. «The Secret Lives of Teens», *Newsweek*, 10 de mayo de 1999.

MACCOBY, ELEANOR Y JOHN MARTIN. «Socialization in the Context of the Family: Parent-Child Interaction», en P. H. Mussen, ed., *The Handbook of Child Psychology*, 4ª ed. Nueva York: Wiley, 1983.

MASTEN, ANN Y J. DOUGLAS COATSWORTH. «The Development of Competence in Favorable and Unfavorable Environments: Lessons from Research on Successful Children», *American Psychologist*, febrero de 1998.

MEICHENBAUM, D. *Cognitive-Behavior Modification*. Nueva York: Plenum Publishing, 1977.

MISCHEL, W. *Introduction to Personality*. Nueva York: Holt, Rinehart and Winston, 197I.

MISCHEL, W. *Personality and Assessment.* Nueva York: John Wiley & Sons, 1968.

MISCHEL, W. «Toward a Cognitive Social Learning Reconceptualization of Personality», *Psychological Review* 80: 252-283, 1973.

O'LEARY, K. D. Y G. T. WILSON. *Behavior Therapy: Outcome and Application* (2ª ed.). Englewood Cliffs, Nueva Jersey: Prentice Hall, 1987.

ROSENTHAL, T. L. «Social Learning Theory and Behavior Therapy», en G. T. Wilson y C. M. Franks, eds., *Contemporary Behavior Therapy: Conceptual and Empirical Foundations.* Nueva York: Guilford Press, 1987.

ULLMANN, L. P. Y L. KRASNER, EDS. *Case Studies in Behavior Modification.* Nueva York: Holt, Rinehart and Winston, 1965.

Índice alfabético

McGRAW-HILL/INTERAMERICANA DE ESPAÑA, S. A. U.
DIVISIÓN PROFESIONAL
C/ BASAURI, 17 - 28023 ARAVACA. MADRID
AVDA. JOSEP TARRADELLAS, 27-29 - 08029 BARCELONA
ESPAÑA

☐ **POR FAVOR, ENVÍENME EL CATÁLOGO DE PRODUCTOS DE McGRAW-HILL**

Informática ☐ Economía/Empresa ☐ Ciencia/Tecnología ☐ Español ☐ Inglés ☐ Actúa

ombre y apellidos ____________________

____________________ n.º __________ C.P. __________

blación __________ Provincia __________ País __________

F/NIF __________ Teléfono __________

npresa __________ Departamento __________

ombre y apellidos ____________________

____________________ n.º __________ C.P. __________

blación __________ Provincia __________ País __________

orreo electrónico __________ Teléfono __________ Fax __________

McGRAW-HILL QUIERE CONOCER SU OPINIÓN

FORMAS RÁPIDAS Y FÁCILES
DE SOLICITAR SU CATÁLOGO

EN LIBRERÍAS ESPECIALIZADAS

FAX
(91) 372 85 13
(93) 430 34 09

TELÉFONOS
(91) 372 81 93
(93) 439 39 05

E-MAIL
esional@mcgraw-hill.es

WWW
www.mcgraw-hill.es

¿Por qué elegí este libro?

☐ Renombre del autor
☐ Renombre McGraw-Hill
☐ Reseña de prensa
☐ Catálogo McGraw-Hill
☐ Página Web de McGraw-Hill
☐ Otros sitios Web
☐ Buscando en librería
☐ Requerido como texto
☐ Precio
☐ Otros

Temas que quisiera ver tratados en futuros libros de McGraw-Hill:

____
____
____
____
____
____
____
____
____

ste libro me ha parecido:

Excelente ☐ Muy bueno ☐ Bueno ☐ Regular ☐ Malo

omentarios: ____________________

Los datos que figuran en este cupón se incluirán en un archivo automatizado que se conservará de forma confidencial y al que usted, de acuerdo con la LORTAD, podrá acceder en cualquier momento para exigir su actualización, cancelación o rectificación. A través de nuestra empresa podrá recibir informaciones comerciales de otras empresas del sector. Si usted no está interesado en recibir estos envíos, por favor, señale con una X la casilla ☐.